ERINNERUNGEN

AUS DEM ÖFFENTLICHEN LEBEN EINES RIGASCHEN KAUFMANNS

1849—1869

HINTERLASSENE NIEDERSCHRIFT

DES WEIL. RIGASCHEN BÜRGERMEISTERS

G. D. HERNMARCK.

BERLIN

J. GUTTENTAG, VERLAGSBUCHHANDLUNG

G. m. b. H.

1899

Die Jugend lebt in ihren Hoffnungen, das Alter in seinen Erinnerungen. Möge dieses alte Wahrwort mir zur Entschuldigung gereichen, wenn ich nach einem vielbeschäftigten und bewegten Leben, in den trüben Mussestunden der vorgerückten Jahre, die Reminiscenzen einer glücklicheren Vergangenheit auf dem Papiere festzuhalten suche. Vielleicht finden meine Kinder ein Interesse an diesen Blättern, vielleicht finden es auch einige von den nachgebliebenen Freunden, welche in jener Zeit des Ueberganges des alten Riga in das neue, gleichen Sinnes und oft mit mir vereint, ihre Kräfte und Bestrebungen dem allgemeinen Besten zugewendet haben.

So lange ich als Angehöriger eines fremden Staats in Riga lebte und keinerlei bürgerliche Stellung einnahm, war mir nur wenig Gelegenheit zum gemeinnützigen Wirken in dieser meiner zweiten Vaterstadt geboten. Die nachfolgenden Aufzeichnungen beginnen also mit meinem Eintritte in die Rigasche Bürgerschaft. Sie sind in der Fremde zum grössten Theil aus dem Gedächtnisse niedergeschrieben und werden darum, neben Allem was sonst daran auszusetzen ist, ohne Zweifel den Vorwurf verdienen, dass sie manches Geringfügige hervorheben, während Wichtigeres unberührt geblieben ist. Ich muss gestehen, dass ich an sehr vielen Verhandlungen in allgemeinen Angelegenheiten theilgenommen habe, deren Erinnerung mir entweder ganz entschwunden, oder doch so unzureichend geblieben ist, dass ich sie nur mit Stillschweigen übergehen konnte. Fern von dem Schauplatze, auf dem sich mein öffentliches Leben abspielte, habe ich auf weitere Nachforschungen verzichten und mich damit begnügen müssen, Zahlen und Daten nachträglich in den Text einzufügen. Die letzteren beziehen sich allemal auf den alten Styl.

Dass ich, abgesehen von sonstigen Anregungen, in meinem amtlichen Berufe vielfache Veranlassung fand, über die socialen und politischen Verhältnisse der Ostseeprovinzen und ihre Zukunft Betrachtungen anzustellen, ist ebenso selbstverständlich, wie, dass diese Betrachtungen, welches auch das Endergebniss sein möchte, nicht die Kraft zu gemeinnütziger Arbeit lähmen durften. Sie würden darum auch in einer Darlegung des thatsächlich Erlebten und Erstrebten nicht am Platze sein.

Meran im December 1876.

G. D. Hernmarck.

Vorwort des Herausgebers.

Gelegentlich meiner Anwesenheit in Meran im Jahre 1885 machte mir der Verewigte die Mittheilung, dass er über seine gemeinnützige Thätigkeit in Riga während der Suworowaera Aufzeichnungen gemacht habe, dieselben jedoch erst nach seinem Tode veröffentlichen wolle.

Zu Anfang dieses Jahres erhielt ich von dem hochbetagten Greise die folgende Niederschrift zugesandt mit dem Auftrage, dieselbe, wenn ihn der Tod ereilt haben werde, dem Druck zu übergeben.

Den erhaltenen Auftrag erfülle ich hierdurch und übergebe der Oeffentlichkeit die mir zugesandten Aufzeichnungen in der Form, wie sie mir zugegangen sind.

Den zahlreichen Freunden und Verehrern des Verewigten wird die Gabe eine hochwillkommene sein, aber auch weitere Kreise werden mit warmem Interesse von derselben Kenntnis nehmen; enthält sie doch die eigenhändigen Aufzeichnungen eines der verdienstvollsten Bürgermeister Riga's über eine Zeitperiode, der sich an Bedeutung für die Entwickelung Riga's und der Baltischen Provinzen keine zweite an die Seite stellen lässt.

Berlin, im October 1899.

Christian von Bornhaupt.

Inhalt.

I.

Die grösste Wohlthat welche Kaiser Nikolaus seinen baltischen Provinzen erweisen konnte, war die Ernennung des Fürsten Alexander Suworow zum General-Gouverneur derselben. Je weniger die Verwaltungsjahre seines Vorgängers, General Golowin, befriedigt hatten, um so freudiger musste der neue Landpfleger begrüsst werden, dem der wohlverdiente Ruf eines aufgeklärten, humanen und ritterlichen Wesens voranging. Am 18. März 1848 zog der Fürst, unter lebhaften Acclamationen der Bevölkerung, in Riga ein und nahm in dem alten hermeisterlichen Schlosse seine Residenz. Es war eine Stimmung in Stadt und Land voll freudigen Ausblickes in die Zukunft.

Im Juni, bei Gelegenheit der feierlichen Einweihung des Gesellschaftshauses in Dubbeln, hatte ich die Ehre, in die Bekanntschaft des Fürsten eingeführt zu werden und sah mich seitdem öfter in seine Nähe gezogen.

Gegen Ende des Jahres trat ich in die russische Unterthänigkeit, wurde unmittelbar darauf Rigascher Bürger und, im März 1849, von der Generalversammlung der Kaufmannschaft in den Börsen-Comité gewählt.

Aehnlich den in Deutschland bestehenden Handelskammern, war der Börsen-Comité berufen die Interessen des örtlichen Handels und der Schiffahrt zu vertreten und zu diesem Zwecke berechtigt mit Vorschlägen, Vorstellungen und Gutachten, zunächst bei den competenten städtischen Behörden einzukommen. Nach bescheidenen Anfängen und auf keiner andern gesetzlichen Grundlage als ein im Jahre 1816, von dem damaligen General-Gouverneur Marquis Paulucci bestätigtes Statut, hatte diese Repräsentation des höheren Handelsstandes durch ihre nutzenbringende Thätigkeit allmälig eine Bedeutung gewonnen, die zu einem muthigeren Vorgehen auf dem ihr zugewiesenen Arbeitsfelde anregte.

Unter dem thatkräftigen Präsidium des Consuls Johann George Schepeler, war in dieser Zeit das hauptsächlichste Bestreben dahin gerichtet: von der Staatsregierung die seit einer Reihe von Jahren wiederholt und eindringlich erbetene Correction des Dünastromes zu erlangen. Diese Lebensader des Rigaschen Handels hatte sich in den letzten Jahren immer mehr versandet, so dass endlich die Wassertiefe des Seegatts auf 8 bis 9 Fuss zurückgegangen war und die meisten Schiffe genöthigt wurden, ihre Ladungen, bisweilen sogar ihren Ballast, auf offener Rhede ein- und auszuladen. Die Zahl der Kauffahrer, die in dieser bedrohten Lage bei stürmischer Witterung Havarien erlitten oder verunglückten, mehrte sich mit jedem Jahre, Frachten und Versicherungsprämien wurden gesteigert, die Abfertigung der Schiffe ungebührlich verzögert und durch exorbitante Lichterkosten vertheuert. Spätere Generationen können sich keine Vorstellung machen von dem Drucke den alle diese Calamitäten auf die Geschäftswelt ausübten. Es entsprang daraus für den Handel Rigas, nicht nur eine jährliche extraordinäre Belastung, die nach Hunderttausenden von Silberrubeln berechnet wurde, sondern daneben noch die Unmöglichkeit, dem Schiffsverkehre eine irgendwie grössere Entwickelung zu geben. Man musste vielmehr, bei fortschreitender Versandung des Fahrwassers, einen gänzlichen Verfall des Seehandels befürchten.

In dieser höchsten Noth, und nachdem alle anderen Schritte erfolglos geblieben waren, beschloss der Börsen-Comité mit Zustimmung der Kaufmannschaft, sich an die Staatsregierung mit dem Anerbieten zu wenden: die nach einem Projecte des Ingenieur-Obersten von Nolcken auf zwei Millionen Rubel veranschlagten Kosten für den Ausbau des Hafens, durch eine vom Börsen-Comité aufzunehmende Anleihe zu beschaffen, die Verzinsung und Tilgung derselben aber aus einer Besteuerung des Rigaschen Ein- und Ausfuhrhandels zu bestreiten. Zur besseren Förderung der betreffenden Verhandlungen mit dem Oberverwaltenden der Wasser- und Wegeverbindungen und öffentlichen Bauten Grafen Kleinmichel wurde eine Deputation, bestehend aus den Herren E. Stephany, N. H. Philipsen und Schriftführer Frantzen, nach St. Petersburg gesandt. Gleichzeitig begab sich Oberst Nolcken nach der Residenz, um das von ihm im Auftrag und auf Kosten des Börsen-Comités, nach einem fleissigen Studium der Stromverhältnisse, mit grosser Umsicht ausgearbeitete Project bei der Oberverwaltung zu vertreten. In Berücksichtigung des Kostenpunktes und der dringendsten Bedürfnisse bezweckte dieses Project zwar nur eine partielle Correction des innern Strombettes, dagegen aber eine vollständige Regulirung des Seegatts und des Fahrwassers zur Verbindung des Hafens mit dem Meere.

Unterstützt durch die warmen Empfehlungen des Fürsten Suworow, gelang es den Deputirten, nach Ueberwindung vielfacher Schwierigkeiten, endlich im April 1850, die obrigkeitliche Genehmigung, sowohl für das technische Project, als für den Modus der Geldbeschaffung, zu erlangen. Noch in demselben Monate constituirte sich ein Allerhöchstverordneter Hafenbau-Comité in Riga unter dem Präsidium des General-Gouverneurs. Mitglieder des Comités waren: der Civil-Gouverneur von Essen, der Zollkreischef von Hesse, der Chef der Arbeiten von Nolcken, und aus der Kaufmannschaft die Herren Schepeler, Stephany, Philipsen und ich. Als Kanzleidirector fungirte der Flottenkapitän, nachmals Generalleutnant Baron Otto von Budberg. Dem Chef der Arbeiten waren als Gehülfen beigegeben: die Ingenieur-Offiziere Schnakenburg, Napiersky und Cramer. Die Sitzungen des Comités wurden im Schlosse, die Licitationen im Kameralhofe abgehalten. Als Contractor für die Lieferungen von Material und zur Stellung der Arbeiter fand sich der gewandte und in solchen Geschäften wohlbewanderte Kaufmann Alexander Pawlowitsch Leontjew.

Die Bauausführungen nahmen schon im Sommer desselben Jahres ihren Anfang und betrafen folgende Theile:

1. die Erbauung eines Molo, den sogenannten Magnusholmschen Seedamm;

2. die Errichtung eines Querdammes in dem Nebenarme der Düna bei dem Dorfe Wetzacke;
3. die Befestigung des Fort-Comet-Dammes durch eine Steinschüttung an der Spitze desselben;
4. die Befestigung des Kiepenholmschen Dammes und des Ufers bei Poderaa;
5. die Befestigung des Flugsandes bei Bolderaa.

Die vier letztgenannten Arbeiten wurden in den Jahren 1850 und 1851 vollständig ausgeführt; aber längere Zeit erforderte der wichtigste, schwierigste und interessanteste Theil des Projects, der Magnusholmsche Seedamm. Dieses Molo besteht aus zwei zusammenhängenden Abschnitten, dem Landdamm in einer Länge von 275 und dem eigentlichen Seedamm in einer Länge von 750 Faden. Der letztere ruht auf Meeresgrund in wechselnden Tiefen, stellenweise bis 30 Fuss, und ist auf einer breiten Unterlage von Faschinenmatratzen, aus Granitblöcken mit einer Zwischenfüllung von Fliessen construirt. Das imposante Bauwerk hat einen doppelten Zweck: einerseits die Abströmung des Flusses aufzufangen und in gebundener Richtung fortzuleiten, um somit eine Vertiefung des gewonnenen Fahrwassers auf natürlichem Wege zu bewirken; andererseits dieses Fahrwasser vor den Versandungen zu schützen, welche die Küstenströmung mit sich führt, Versandungen, die sich nach Herstellung des Dammes auf der äussern Seite desselben massenhaft ablagern und wahrscheinlich in späterer Zeit ein weiteres Hinausrücken dieses Molobaues erheischen werden.

Der Fürst Suworow, der sich von Anfang an auf das lebhafteste für den Ausbau des Hafens interessirt hatte, verfolgte die Arbeiten mit unausgesetzter Aufmerksamkeit und war bemüht, dieselben durch häufige Localinspectionen, mit Zuziehung der Comitéglieder, zu fördern. Zwar erhoben sich dem Bauministerium gegenüber nachträglich neue Schwierigkeiten, zu deren Ueberwindung im Jahre 1851 wieder eine Deputation — Consul Alexander Schwartz und Schriftführer Frantzen — nach Petersburg abgeordnet werden musste; nachdem jedoch ihre Mission den erwünschten Erfolg gehabt hatte, nahm das Werk, mit alleiniger Ausnahme während der Kriegszeit, einen ungestörten Fortgang und wurde im Herbst 1861 zum Abschluss gebracht. Aber schon vor diesem Termine war eine allmälige Verbesserung des Fahrwassers eingetreten und als das endliche hocherfreuliche Resultat ergab sich, dass der Einlauf zum Rigaschen Hafen, früher einer der schlechtesten in der Ostsee, nunmehr als einer der besten in diesem vielbefahrenen Meere bezeichnet werden konnte.

Im Februar 1864 wurde der Hafenbau-Comité, dessen Mitglied ich bis dahin geblieben war, aufgelöst und die Unterhaltung sämmtlicher Bauwerke und Anlagen dem Börsen-Comité übergeben und anvertraut. Zugleich übernahm Ingenieur-Oberst von Napiersky die technische Inspection und Leitung der Remontearbeiten.

Zur Bedeckung der Ausgaben für den Hafenbau hatte der Börsen-Comité, mit Allerhöchster Genehmigung, drei fünfprocentige Particularanleihen im Gesammtbetrage von Silberrubel 2040000 aufgenommen, deren Verzinsung und Tilgung durch die von der Kaufmannschaft übernommene Entrichtung einer Abgabe von zusammen $^{3}/_{8}$ procent vom Werth ihres überseeischen Ein- und Ausfuhrhandels, sichergestellt war*). In den betreffenden Finanzplänen, zu deren Ausarbeitung ich beauftragt wurde, ist auf die Bildung eines Reservecapitals Bedacht genommen, aus dessen Zinsen — nach erfolgter Amortisation der Anleiheschuld und Aufhebung der Abgaben — die fernere Instandhaltung der besagten Anlagen bestritten werden wird.

Für einen guten Zustand des bedeutsamsten und wichtigsten Bestandtheils des Hafens scheint also wenigstens auf längere Zeit hinaus nach Möglichkeit Fürsorge getroffen zu sein; und ich werde weiterhin noch das Glück haben, anführen zu können, dass auch mit der längst erstrebten Rectification des inneren Flussbettes, d. h. auf der Strecke von der

*) Ohne Störung der Finanzpläne gestattete die steigende Werthziffer des überseeischen Handels bereits eine Reduction dieser Abgaben auf $^{1}/_{8}$ procent.

Stadt bis zum Vorhafen, ein vertrauenerweckender Anfang gemacht ist. Bis das grosse und schwierige Unternehmen zur vollen und gelungenen Ausführung kommt, wird man freilich auf Baggerarbeiten angewiesen bleiben, um die Launen der Frühjahrsströmungen zu corrigiren und periodische Versandungen zu beseitigen.

Zur Ermöglichung eines wirkungsvollen Baggerbetriebes wurde auf Veranlassung des Börsen-Comités im Jahre 1847 eine von den Schiffen zu erhebende Stromvertiefungsabgabe à 15 Copeken per Licentlast, eingeführt und im Jahre 1848 der grosse und starke Dampfbagger »Bolderaa« aus Schweden bezogen. Die kräftigen Leistungen desselben frappirten zu jener Zeit um so mehr, als man bis dahin sich fast nur darauf hatte beschränken müssen, das Fahrwasser mit Handbaggern, Harken und Kratzen zu verbessern.

II.

Als der um die Verbesserung des Hafens hochverdiente Consul Schepeler im März 1851 sein Präsidium im Börsen-Comité statutenmässig niederlegte, wurde ich als sein Nachfolger erwählt und verwaltete das Amt bis zu meinem statutenmässigen Austritt aus dem Comité im März 1854. In dieser Stellung kam mir die persönliche Gewogenheit des General-Gouverneurs Fürsten Suworow sehr zu statten. Er beehrte mich fortwährend mit seinem vollen Vertrauen; und wenn es mir seitdem gelungen ist in der einen oder anderen Hinsicht etwas Nützliches auszurichten, so verdanke ich es seiner stets bereitwilligen und warmen Unterstützung. Ebenso muss ich beim Rückblick auf mein erwähntes dreijähriges Präsidium, erkenntlich dessen gedenken, dass mir die freundliche und hingebende Mitwirkung meiner verehrten Collegen bei keiner Gelegenheit fehlte.

Der erste wichtige Antrag den ich vorbrachte, bezog sich auf die schwebende Frage des Börsenbaues.

Wegen einer anderweitig nothwendig gewordenen Verwendung des seitherigen Börsenlocales im Rathhause, hatte die

Kaufmannschaft dasselbe im Jahre 1847 aufgeben müssen, indem ihr dagegen die Erbauung einer neuen Börse aus Communalmitteln zugesichert wurde. Nach einiger Zeit erfolgte auch, unter Zuziehung von Delegirten des Börsen-Comités, die Aufstellung eines Projects zu einem combinirten Börsen- und Gildestubenbau, womit die Kaufmannschaft sich vollkommen befriedigt erklärte, das aber im Hinblick auf den hohen Kostenpunkt — eine halbe Million Rubel — von der grossen Gilde abgelehnt wurde. Dieselbe liess dagegen ein anderes billigeres Project ausarbeiten, das wiederum, seiner beschränkten Dimensionen wegen, von der Kaufmannschaft nicht angenommen werden konnte. Ueber alle diese fruchtlosen Verhandlungen gingen Jahre verloren, während welcher die Kaufmannschaft genöthigt blieb, sich mit den Versammlungslocalen zu behelfen, die ihr theils im Saale des Schwarzhäupterhauses, theils in der Gildestube geboten waren. Nach Lage der Sache war kein Ende dieses unbehaglichen Zustandes abzusehen, wenn es nicht gelingen konnte, sich auf einer andern Basis mit der Commune auseinander zu setzen. Ich machte also den Vorschlag: die Kaufmannschaft möge, gegen eine von der Stadt zu erlegende billige Abfindungssumme, den Börsenbau selbst in die Hand nehmen. Der Börsen-Comité trat dieser Ansicht bei und da man die nicht gar zu reichlichen Communalmittel möglichst schonen wollte, so wurde der Betrag der zu verlangenden Abfindung auf 10 Jahresraten à 5000 Rubel, zusammen 50000 Rubel, festgesetzt. Die Proposition erfreute sich einer einmüthigen Zustimmung in der kaufmännischen Generalversammlung und wurde hierauf auch von der Stadtverwaltung acceptirt, so dass der Börsen-Comité schon im Mai 1851 die Bildung einer besonderen Commission herbeiführen konnte, welche mit der Wahrnehmung alles Weiteren in dieser Angelegenheit betraut wurde. Die Commission erwählte zu ihrem Präses den Rathsherrn Theodor Pychlau, der mit einem warmen Herzen für alle fortschrittlichen Bestrebungen eine grosse Einsicht und Erfahrung in Bausachen verband und sich der gestellten Aufgabe mit voller Hingebung widmete. Unter seiner tüchtigen Leitung ermittelte die Commission zunächst die geeignetste Baustelle für das neue Börsenhaus und bewirkte zu dem Ende den Ankauf von sechs Privathäusern, deren Abtragung sofort begonnen und im folgenden Winter fortgesetzt wurde. In der Zwischenzeit liess man die Baupläne von dem Akademiker Bosse in St. Petersburg entwerfen, der dann zu wiederholten Malen nach Riga kam. Als Bauleiter wurde der von ihm empfohlene Architekt Hesse angenommen. In wichtigen Fragen bediente die Commission sich noch des Beiraths des Ingenieur-Obersten Baron Theodor von Fircks*). Mit dem Frühjahr 1852 wurde der Bau in Angriff genommen; die Grundsteinlegung erfolgte mit grosser Feierlichkeit in Gegenwart des Fürsten Suworow und aller Autoritäten des Landes und der Stadt, am 8. Juni. Die Arbeiten hatten den erfreulichen Fortgang und im October 1855 war der schöne, solide und monumentale Bau zu allgemeiner Zufriedenheit vollendet. Er umfasste ausser der eigentlichen Börsenhalle noch eine Anzahl Räumlichkeiten, wovon einige zur Verwendung für die Zwecke und Institute der Kaufmannschaft, andere zur Vermiethung kamen. Die erworbenen Grundplätze hatten 105 m., der Bau 270 m. Rubel gekostet und wurden die nöthigen Summen vom Börsen-Comité durch successiv emittirte 5 procentige Obligationen aufgebracht. Für die allendliche Einlösung derselben ist die Frist zwar planmässig bis zum Jahre 1904 erstreckt, aber vermöge des speciellen Reservecapitals des Börsenhauses wird die Tilgung dieser Schuld ohne Zweifel früher erfolgen.

Ein anderes wichtiges Bauunternehmen betraf den Winterhafen.

Durch die Errichtung des Fort-Comet-Dammes zur Zeit der Kaiserin Catharina, war ein Arm der Düna abgeschnitten, dessen Ausmündung sich allmälig dermassen versandet hatte, dass er gegenwärtig ein Wasserbecken von bedeutendem Umfange bildete. Bei Gelegenheit der Hafenbauverhandlungen wurde der Vorschlag gemacht, dieses Becken zu einem geschlossenen Hafenbassin auszubauen, das dann

*) Später als Schriftsteller unter dem Pseudonym Schedo-Ferroti bekannt.

geeignet sein würde, grosse Holzläger aufzunehmen und den vor dem Eingange Schutz suchenden Schiffen eine sichere Zuflucht zu gewähren. In Anerkennung der Wichtigkeit einer solchen Anlage erwirkte der Börsen-Comité, auf Verwendung des Fürsten Suworow, die Allerhöchste Donation des betreffenden ausgedehnten Terrains, zugleich mit der Erlaubniss zur Bassinanlage. Da indessen die Kosten, nach einem Project des Obersten Nolcken, auf 200 m. Rubel veranschlagt wurden und nicht aus den Hafenbausummen entnommen werden durften, so sahen wir uns veranlasst, den Hafen vorläufig in einem kleineren Maassstab anzulegen, derart jedoch, dass eine künftige Erweiterung desselben nicht beeinträchtigt wurde. Die Arbeiten wurden im Jahre 1850, unter Leitung des Ingenieur-Capitäns Schnakenburg, begonnen und in den folgenden Jahren thätig fortgesetzt. Am 2. April 1853 liefen die ersten Schiffe, unter grossem Jubel der anwohnenden Bevölkerung, durch die 56 Fuss breite Einfahrt in den neuen Hafen ein. Er bot vorläufig Raum für etwa dreissig Schiffe, ausserdem auf den flacheren Stellen Gelegenheit zur Unterbringung einer grossen Anzahl Holzflösser, und war mit den erforderlichen Befestigungspfählen, Anlegeplätzen und einem massiven Oekonomiegebäude versehen. In Summa waren für die Anlage Silberrubel 83500 verausgabt, wovon Rubel 23500 aus den laufenden Mitteln des Börsen-Comités entnommen und 60 m. Rubel, nach Beschluss der Kaufmannschaft, durch eine Anleihe beschafft wurden. — Eine vom Börsen-Comité für die Erbauung von Speichern zusammengebrachte Actiengesellschaft musste sich zwar wegen des im folgenden Jahre ausbrechenden Krieges wieder auflösen, aber nach hergestelltem Frieden offenbarte sich der Nutzen des Winterhafens bald in der steigenden Frequenz desselben. Er ermöglichte fernerhin die Gründung der Rigaer Dampfschiffahrts-Gesellschaft, welche kein anderes Winterlager für ihre grossen und kostbaren Schiffe hätte finden können; und veranlasste als weitere Folge die Etablissements eines Slipdocks und einer Maschinenwerkstatt.

Um die Erweiterung und Vertiefung des Winterhafens zu beschleunigen und daneben auf eine allgemeine Verbesserung des Fahrwassers hinzuwirken, beschlossen wir im Jahre 1852 einen zweiten Dampfbagger in Thätigkeit zu setzen. Derselbe wurde für etwa 30 m. Rubel aus England verschrieben, erhielt die Benennung »Dampfbagger Nummer Zwei« und operirte fortan mit dem besten Erfolge.

Für die Kaufmannschaft war es natürlich von der grössten Wichtigkeit, aus dem Vorhafen Bolderaa rechtzeitige und prompte Berichte über ein- und ausgehende Schiffe, Seeereignisse u. s. w. zu erhalten. Dennoch bestand für diese Mittheilungen nur ein sehr langsamer und mangelhafter Post- und Estafettendienst. Zur Abhülfe dieses Uebelstandes wandten wir uns an den Fürsten General-Gouverneur mit der Bitte, sich dafür verwenden zu wollen, dass dem Börsen-Comité von der Staatsregierung gestattet werden möge, einen electromagnetischen Telegraphen zwischen Riga und Bolderaa zu errichten und in Betrieb zu halten. Die Kaiserliche Genehmigung dazu erfolgte im April 1852, worauf wir den bekannten preussischen Ingenieur Siemens nach Riga kommen und von ihm das Project zu dieser Anlage entwerfen liessen. Die auszuführenden Arbeiten wurden durch den von ihm empfohlenen Techniker Bredenschey sofort angefangen und bereits am 1. November desselben Jahres konnten auf der fertigen Linie die ersten Depeschen gewechselt werden. Diese Anlage erweckte zu ihrer Zeit ein um so grösseres und allgemeineres Interesse, als es der erste electromagnetische Telegraph in Russland war*). — Nach diesem guten Erfolge erbot sich der Börsen-Comité, vermittelst eines von ihm aufzubringenden Actiencapitals, einen electromagnetischen Telegraphen von Riga nach der Grenze, mit Anschluss an eine preussische Leitung, zu errichten und unter staatlicher Censur zu verwalten — ein Project, das aber von der Regierung abgelehnt wurde.

Zur Placirung der vom Börsen-Comité errichteten und

*) Die telegraphische Verbindung zwischen Riga und St. Petersburg wurde erst im Jahre 1855, und zwischen Riga und Deutschland im October 1857 eröffnet.

unterhaltenen Navigationsschule war man bis hierzu auf Miethswohnungen angewiesen, deren ungenügende Beschaffenheit den Wunsch rege machte, für dieses nützliche Institut endlich ein gesichertes und berechtigten Anforderungen entsprechendes Unterkommen zu erhalten. Mit Genehmigung der Kaufmannschaft beschloss der Börsen-Comité, im August 1851, zunächst den Ankauf eines günstig gelegenen Bauplatzes am Rankedamm; worauf sodann die Herstellung des Schulhauses, nach dem gelungenen Entwurfe des Architekten Hesse, in Angriff genommen und zeitig genug vollendet wurde, um die Lehrcurse im Herbst 1853 in dem neuen zweckmässig disponirten Locale eröffnen zu können. Gleichzeitig trat ein vom Börsen-Comité entworfenes neues Reglement für die Schule in Kraft, worin der Grundsatz aufgestellt und festgehalten wurde, dass die theoretische Bildung der Zöglinge mit einer praktischen Hand in Hand gehen müsse. Die vom Börsen-Comité höheren Orts erbetene Befreiung der Navigationsschüler von der Rekrutenpflichtigkeit und von der Leibesstrafe, wurde mittest Allerhöchst bestätigten Reichsrathsgutachtens vom Juni 1854 gewährt.

Während der Epidemie im Sommer 1854 unterhielt der Börsen-Comité zur Aufnahme der Kranken von den im Vorhafen liegenden Schiffen ein provisorisches Cholera-Hospital in Dünamünde. Dem gleichen Zwecke für die bei der Stadt liegenden Schiffe, diente das permanente Seefahrer-Krankenhaus in der Mitauer Vorstadt. Da ich theils allein, theils in Begleitung des Fürsten Suworow, beide Anstalten mehrmals visitirte, so hatte ich Gelegenheit, mich davon zu überzeugen, wie äusserst mangelhaft es mit den Räumlichkeiten des letztgenannten Hospitals bestellt war. Der Börsen-Comité beschloss demzufolge den Bau eines neuen Seefahrer-Krankenhauses auf dem Rankedamm und liess die Pläne dazu von dem Architekten Hesse mit Zuziehung des Hospitalarztes entwerfen. Die auf das Jahr 1854 geplante Bauausführung musste indessen wegen Ausbruch des Krieges auf 1856 vertagt werden.

Vielfache und begründete Klagen der Importhäuser über Verzögerungen in der Entlöschung von Stückgutsladungen bewogen den Börsen-Comité sich an den General-Gouverneur mit der Bitte zu wenden: es möge, zur Herbeiführung einer bessern Ordnung, ein aus Gliedern des Zollamts, des Wettgerichts und des Börsen-Comités gebildete Commission niedergesetzt werden. Die Commission trat im Jahre 1850 unter dem Präsidium des Staatsraths von Walujew zusammen; und als Abgesandter des Börsen-Comités hatte ich den Verhandlungen beizuwohnen. Diese führten zu verschiedenen Vorschlägen, darunter für das Ressort des Börsen-Comités: die Einführung eines Lastträger-Artells beim Packhause und die Erweiterung der verkehrshemmenden Mönchenstrasse. In Vereinbarung mit dem Zollamte wurde im folgenden Jahre der Artell eingeführt und mit einer Arbeitstaxe versehen, gleichzeitig die Erweiterung der Mönchenstrasse auf Kosten des Börsen-Comités bewerkstelligt*). Ausserdem entschloss sich der Börsen-Comité die Schiffsentlöschungen durch Anwendung der bis dahin in Riga unbekannten Ladekrähne zu erleichtern. Der erste Ladekrahn wurde 1853 aus England verschrieben und im folgenden Sommer am Dünaufer aufgestellt.

Obgleich die vorerwähnten Unternehmungen vielleicht ein allgemeineres Interesse erweckten, indem sie äusserlich zur Erscheinung kamen, so absorbirten sie doch nur einen verhältnissmässig geringen Theil der Arbeitsleistung des Börsen-Comités während der in Rede stehenden Periode.

Es tagte zu dieser Zeit in Riga die auf Allerhöchsten Befehl im Jahre 1849 niedergesetzte Commission zur Revision der baltischen Handelsverordnungen; Präses dieser Commission war der Staatsrath Peter von Walujew, dessen eminente Capacitäten damals schon ahnen liessen, dass er einst zu den höchsten Functionen im Staatsdienste berufen werden würde. Von höheren volkswirthschaftlichen Gesichtspunkten ausgehend, widmete Herr von Walujew den Interessen und

*) Bei dieser Gelegenheit errichtete der Börsen-Comité, an Stelle einer alten sehr unschönen Friedhofsmauer, einen stylvollen eisernen Gitterzaun und gab dadurch den ersten Anstoss zur Entfernung der geschmacklosen Anbauten, die bis dahin die Domkirche verunzierten.

zeitgemässen Bedürfnissen des Grosshandels eine ebenso einsichtsvolle als wohlwollende Theilnahme, wofür der Börsen-Comité zu lebhafter Dankbarkeit sich verpflichtet fühlen musste. Ich ergriff darum auch mit Freuden jede Gelegenheit, den Anfragen und Anregungen der Handelscommission, nach bestem Wissen und Vermögen entgegenzukommen und ergaben sich hieraus für mich und dem Börsen-Comité vielfache Veranlassungen zu eingehenden Discussionen und schriftlichen Arbeiten, meistens von bedeutendem Umfange. Ich zähle dazu: die Entwürfe zu einem Wechselrecht und zu einem Insolvenz-Reglement; eine kritische Beleuchtung der bestehenden Gesetzgebung über Notare, Makler und Dispacheure, nebst Verbesserungsvorschlägen; eine Zusammenstellung von Materialien für ein Seerecht; eine Denkschrift zur Rechtfertigung der seit Alters bestehenden Convention der über See handelnden Kaufmannschaft; die Memoiren über den Eisenhandel und über den Handel mit ausländischem Salz in den Ostseehäfen und in den westlichen Gouvernements; verschiedene Gutachten, wie über den Saathandel, die Hanfwrake, das Heringsgeschäft, sämmtlich mit motivirten Vorschlägen zu wünschenswerthen Verbesserungen in den geltenden Verordnungen.

Neben diesen und andern als aussergewöhnlich zu bezeichnenden Arbeiten, hatten die dem Börsen-Comité aus eigener Initiative obliegenden Wahrnehmungen zum Besten des Handels, selbstverständlich ihren gebührenden Fortgang. Unter den vielen betreffenden Verhandlungen, welche mit dem Wettgericht und andern Stadtbehörden gepflogen wurden und zur erstrebten Erledigung kamen, erwähne ich: die nach langen und harten Kämpfen errungene Abschaffung des Monopols des Uebersetzeramtes zur Stellung von Lichterfahrzeugen; desgleichen die Beseitigung des ausschliesslichen Rechts des Böttcheramtes zur Anfertigung von Tonnen für den Saatexport; die erwirkte Betheiligung des Börsen-Comités bei der Verwaltung des Ambaren-Wach- und Brand-Commandos, in Verbindung mit einer neuen Organisation desselben; die Einführung einer amtlich zu überwachenden Maschinenreinigung der Saeleinsaat; das neue Reglement für die Heringswrake; die vom Stadt-Cassa-Collegium erzielte Zusicherung einer Erweiterung der Heringskaje, die freilich des Krieges wegen erst im Jahre 1856 zur Ausführung kam.

Zu einer dringend gebotenen Reorganisation des Lootsenwesens hatte der Börsen-Comité bereits im Jahre 1847 einen Anlauf genommen. Die Verhandlungen waren aber ins Stocken gerathen, bis sie jetzt mit Hülfe des Fürsten Suworow wieder in Fluss gebracht werden konnten. Mittelst Senatsukases vom December 1854 wurde dann das neue, den Wünschen des Börsen-Comités und der Kaufmannschaft entsprechende Reglement für das Rigasche Lootsenwesen publicirt. — Ebenso erreichte der Börsen-Comité durch energisches Einschreiten des Fürsten, eine Abhülfe der seit Alters eingerissenen und bis dahin vergebens bekämpften Missbräuche bei der vom Port-Capitän abhängigen Hinweisung der Schiffe zu den Ballastlöschplätzen im Dünarevier; und ferner im Jahre 1852 die ungesäumte Instandhaltung des für den Rigaschen Holzhandel wichtigen Beresinakanals.

Nachdem sich auf der Düna allmälig mehrere Bugsirdampfer eingestellt hatten, war es nothwendig geworden, die Thätigkeit und Stationirung derselben derart zu regeln, dass einerseits die fremden Schiffe prompt bedient und vor willkürlichen Anforderungen geschützt, andererseits die Bugsirdampfer vor Conflicten unter einander bewahrt würden. Der Börsen-Comité entwarf also ein bezügliches Regulativ nebst Tarif, zu dessen Einhaltung die Eigenthümer der Bugsirdampfer sich verpflichteten.

Ueber die von der Kaufmannschaft nach altem Herkommen bewilligten, fest normirten Accidenzien zum Besten der unzureichend gagirten Zollbeamten, wurden mit dem Departement des auswärtigen Handels Verhandlungen eingeleitet und von demselben schliesslich die von der Kaufmannschaft gewünschte Beibehaltung dieser Accidenzien genehmigt. Das betreffende Regulativ wurde demzufolge im Jahre 1852 vom Börsen-Comité den Zeitbedürfnissen angepasst und in seiner neuen Ausfertigung dem Zollamte zur Kenntnissnahme mitgetheilt.

Um die Achtbarkeit des örtlichen Commissionsgeschäfts aufrechtzuhalten und sowohl den fremden Auftraggeber vor willkürlichen Berechnungen sicherzustellen, als dem Commissionär ein, seinen Mühwaltungen entsprechendes Benefiz zu gewähren, bestand in Riga seit hundert Jahren oder länger, eine Convention der über See handelnden Kaufmannschaft, worin das Geeignete vorgesehen und normirt war. Da indessen die darin enthaltenen Bestimmungen seit dem Jahre 1837 keiner Revision unterzogen worden waren, so erbot ich mich zu einer genauen Durchsicht und zeitgemässen Umarbeitung derselben, unter Beirath der geschäftserfahrenen Collegen John Armitstead und Edmund von Trompowsky. Als ein Novum verband ich mit dieser Arbeit eine Zusammenstellung der commerciellen Usancen des Platzes, wie sich dieselben im Laufe der Zeiten ausgebildet und eingelebt hatten. Meine Vorlage wurde unter dem Titel: »Usancen der Börse und Convention der über See handelnden Kaufmannschaft«, nach eingehender Prüfung und Genehmigung des Börsen-Comités, durch Beschluss der Generalversammlung der Kaufmannschaft sanctionirt und 1850 zum Druck befördert.

In Anbetracht der beim Contracthandel zwischen den Empfängern und den Lieferanten der Waaren immer häufiger vorkommenden Differenzen, beschloss der Börsen-Comité, auf meinen Antrag und unter meinem Vorsitze, eine aus Gliedern des Börsen-Comités und Repräsentanten der binnenländischen Kaufleute paritätisch gebildete Commission zu berufen, um über die strittigen Punkte, die allgemeine Rechtsanschauung festzustellen und die Bestimmungen in Vorschlag zu bringen, welche geeignet wären, den beregten Uebelständen für die Zukunft vorzubeugen. Nach langen und schwierigen Berathungen vereinigten sich die Commissionsglieder in der Aufstellung von »Usancen für den Kauf und Verkauf von Waaren auf Lieferung in Riga«. Dieselben wurden im Jahre 1852 von der allgemeinen Versammlung der Kaufmannschaft einstimmig gutgeheissen und bilden seitdem einen integrirenden Theil der Usancen der Börse. Nachträglich wurde zwar eine Opposition verlautbart, die sich sogar bis zu einer dem General-Gouverneur überreichten Beschwerde über den Börsen-Comité verstieg, aber das Einzige was dabei zu Tage kam, war dass es einige Kaufleute gab, die bei ihren Geschäftsabwickelungen den alten Spielraum für willkürliches Gebahren hätten beibehalten mögen.

Alle vom Börsen-Comité ausgehenden Anregungen konnten freilich nicht zu den erwünschten Resultaten führen. Auf mehrseitiges Anmuthen entschloss er sich zu dem Versuche in Riga eine Seeversicherungsgesellschaft zu errichten und entwarf zu dem Ende Statuten, welche im Jahre 1854 dem Finanzministerium vorgelegt und im April 1856 Allerhöchst bestätigt wurden. Die projectirte Gesellschaft kam aber, wegen unzureichender Betheiligung bei der Actienzeichnung, nicht zu Stande. — Ebenso vergeblich waren meine Bemühungen, unter den baltischen Rhedern einen Verein zu gegenseitiger Versicherung ihrer Schiffe ins Leben zu rufen. — Zu den kaum als erfolgreich zu bezeichnenden Bestrebungen gehörten auch die höheren Orts angebrachten Vorstellungen zur Unterdrückung des an den Landesgrenzen im grossen Style betriebenen Schmuggelhandels. Ich hatte indessen in dieser Veranlassung wiederholte Besprechungen mit dem Abgeordneten des Finanzministeriums Obersten von Ditmar und übergab ihm eine den Gegenstand behandelnde Denkschrift.

Befriedigender waren die Ergebnisse meines Zuthuns in Sachen des kaufmännischen Unterstützungsfonds. Da die Statuten desselben seit dem Jahre 1831 nicht revidirt worden waren, mittlerweile aber die maassgebenden Verhältnisse sich vielfach verändert hatten, so unterlegte ich dem Börsen-Comité im September 1853 einen neuen Entwurf. Derselbe erfreute sich sowohl bei meinen Collegen, wie in der allgemeinen Versammlung der Kaufmannschaft einer einmüthigen Beistimmung und wurde hierauf mit der Bestätigung des General-Gouverneurs in Kraft gesetzt.

Wenn das in den vorerwähnten Momenten dargelegte Wirken und Vorgehen lediglich den Interessen des Handels und des Handelsstandes gewidmet erscheint, so hatte der Börsen-Comité in dieser Zeit doch auch das Glück und die

Genugthuung, eine Angelegenheit auf sein Programm zu setzen und durchzuführen, deren allgemeine und culturelle Bedeutung in weiteren Kreisen anerkannt wurde. Es war das Eisenbahnproject Riga-Dünaburg, über dessen Genesis und Wandlungen ich mir jedoch erlauben werde, in einem besonderen Abschnitte zu berichten.

Ich beschliesse also die Rückblicke auf meine Thätigkeit im Börsen-Comité mit einigen Worten über die Interna desselben.

Die Geschäftsthätigkeit des Comités hatte in den letzten Jahren eine Ausdehnung erfahren, die nicht ohne Einfluss auf die innere Verwaltung bleiben konnte. In Folge der mehreren grösseren Unternehmungen gelangten die finanziellen Operationen zu einer solchen Bedeutung, dass eine Reorganisation des gesammten Cassa- und Rechnungswesens nicht länger verschoben werden konnte. Meine betreffenden Vorschläge, nebst einer ausführlichen Instruction für den Buchhalter und Rendanten fanden den Beifall meiner Collegen; worauf die neue Ordnung mit dem Jahre 1852 zur Einführung kam. — Obgleich ich selbst viele Arbeiten übernommen hatte, genügten die vorhandenen Kanzleikräfte nicht zu der erwünschten prompten Erledigung der erforderlichen zahlreichen Schriftstücke und Anfertigungen. Nachdem der Börsen-Comité demzufolge die Anstellung eines zweiten Schriftführers verfügt hatte, gelang es mir für diesen Posten den derzeitigen Secretär der Gouvernements-Regierung, späteren wirklichen Staatsrath H. von Stein zu gewinnen. Ich hätte dem Börsen-Comité kein besseres Vermächtniss hinterlassen können. Als nach kurzer Zeit der ältere Schriftführer Frantzen mit Tode abging, übernahm Stein beide Funktionen und hat sich durch seine seltene Befähigung und warme Hingebung für die Interessen des Börsen-Comités, namentlich auch bei den schwierigen Missionen nach St. Petersburg, hoch verdient gemacht. Seinem Eifer im Berufe verdankten wir später die interessante Geschichte des Börsen-Comités in den Jahren 1816 bis 1866, und die Gründung des Rigaschen Handels-Archivs.

Da die vom Börsen-Comité zu vertretenden Bedürfnisse

eines entwickelten und weiterstrebenden Handelsverkehrs nicht immer mit den von Alters her überkommenen örtlichen Gewohnheiten und Satzungen im Einklange standen, so konnten Frictionen mit den städtischen Verwaltungsorganen leider nicht ausbleiben. Die hieraus entsprungene Missstimmung hatte sich im Laufe der Jahre immer mehr gesteigert und endlich eine beklagenswerthe Höhe erreicht. Ich liess es mir von der Uebernahme des Präsidiums an auf alle Weise angelegen sein, diesem peinlichen Zustande ein Ende zu machen, und hatte zu meiner grössten Freude die Genugthuung, dass von dieser Zeit ab ein durchaus freundliches Verhältniss zwischen den Stadtbehörden und dem Börsen-Comité hergestellt wurde und auch später erhalten blieb.

Zu meiner Erinnerung aus dieser Zeit gehört noch, dass ich mich am 1. März 1853 bei der Feier des 25jährigen Stiftungsfestes des Hülfsvereins der Handlungs-Commis betheiligte. Als einer der Stifter und ersten Vorsteher dieses wohlthätigen Instituts, bin ich der gedeihlichen Entwickelung desselben fortwährend mit sympathischer Aufmerksamkeit gefolgt.

III.

Nachdem ich zu Fastnacht 1854 zum Aeltesten der grossen Gilde ernannt worden war, wurde ich zu Michaeli desselben Jahres in den Rigaschen Rath gewählt*). Der Amtseid wurde mir und dem gleichzeitig erwählten Rathsherrn G. E. Berg, von dem Superintendenten Oberpastor Poelchau vor dem versammelten Rathe abgenommen, worauf die Glieder desselben, insbesondere der hochgeehrte und würdige Wortführende Bürgermeister Schwartz, uns auf das herzlichste empfingen und begrüssten.

Mit einem erhebenden Gefühle von Freude und Dankbarkeit verweilen meine Erinnerungen bei den fünfzehn Jahren, wo ich das Glück hatte, diesem Collegium von Ehrenmännern

*) Nach der Stadtverfassung fanden die Wahlen in die Aeltestenbank grosser Gilde zu Fastnacht, die in den Rath zu Miahaeli statt.

anzugehören und im Verein mit ihnen mich dem Dienste der Stadt zu widmen. Zwar trat während dieser Zeit mancher Personenwechsel ein, aber unverändert erhielt sich der traditionelle Geist einer ernsten und treuen Pflichterfüllung und Hingebung für das Gemeinwohl, verbunden mit einer Ehrenhaftigkeit, einem Anstande und einer Collegialität, wie man sie von der obersten Repräsentanz der Stadt allerdings zu erwarten berechtigt war.

Die regelmässigen Sitzungen des Raths fanden dreimal in der Woche statt, alternirend mit den drei Gerichtstagen, wo die Rathsglieder in den Unterbehörden amtirten. Ich wurde in das Wettgericht, das Forum für Handelsjustiz und Handelspolizei, berufen und zwar unter den angenehmsten Verhältnissen. Das Amt des Oberwettherrn bekleidete der, sowohl als Jurist, wie als Administrator hochbefähigte Rathsherr, spätere Bürgermeister, H. J. Böthführ; erster Assessor war mein alter und lieber Freund A. Kriegsmann. Neben dem zweiten Assessorate wurden mir noch einige handelspolizeiliche Specialfunctionen und Cassaverwaltungen zugetheilt.

Für Riga war inzwischen, in Folge des orientalischen Krieges und der Blokade des Hafens, eine schwere und prüfungsreiche Zeit angebrochen.

Die Subsistenz der zahlreichsten Schichten der Stadtbevölkerung beruhte direct oder indirect auf der maritimen Bewegung eines Handels, der uns jährlich etwa 2000 Schiffe zuführte. In den Navigationsperioden von 1854 und 1855 war aber der Anblick, den der Hafen darbot, ein trostloser. Die Kajen und Brücken, welche man gewohnt war von einem Mastenwalde umlagert, von unzählbaren Arbeitern und Lastwagen umdrängt zu sehen, standen still und verlassen; auf der weiten Fläche des sonst von den Segeln und Flaggen aller Nationen belebten Stromes bewegten sich nur noch vereinzelte Ruderboote, und erst in den letzten Tagen des Spätherbstes, in der kurzen Pause zwischen dem Abzuge der feindlichen Kreuzer und dem Gefrieren unsrer Gewässer, wagte es der eine oder andere kleine Kauffahrer, das verödete Revier aufzusuchen. Von dem Meere abgedrängt, war der ganze internationale

Waarenverkehr auf lange und beschwerliche Landtransporte zur preussischen Grenze und zunächst nach Memel verwiesen. Von diesem kostbaren, häufig noch durch den Mangel an Vehikeln und durch die Unfahrbarkeit der Wege unterbrochenen Beförderungsmittel konnten aber nur die werthvolleren oder wenig ins Gewicht fallenden Objecte des Handels einen Nutzen ziehen; das Gros unserer regelmässigen Ein- und Ausfuhr blieb davon ausgeschlossen.

Aus der Lahmlegung der Schiffahrt entsprangen nicht nur die empfindlichsten Schädigungen privater Interessen und Existenzen, sondern es geriethen dabei auch alle öffentlichen Institute, welche ihre Einkünfte vom Handel und dessen Clienten beziehen, in ökonomische Bedrängnisse, die immer verhängnissvoller zu werden drohten. Die Stadt-Cassa konnte nur mit äusserster Anstrengung und patriotischer Beihülfe der Stände über Wasser gehalten werden und bedurfte mehrerer Friedensjahre, um ihre durch die Hafensperre zurückgekommenen Finanzen wieder in Ordnung zu bringen. Ganz besonders bedenklich gestaltete sich die Lage für den Börsen-Comité, der zur Bestreitung seines ansehnlichen Ausgabebudgets lediglich auf die Beisteuern vom überseeischen Handel angewiesen war. Zur Berathung über die unter diesen Umständen zu ergreifenden Maassregeln, berief der neue Präses, Rathsherr Tanck, eine Commission, der ich ebenfalls beigesellt wurde. Dieselbe verständigte sich zuvörderst über alle in den Ausgaben zu ermöglichenden Ersparnisse, und fasste dann, meinem Antrage gemäss, den Beschluss: die Kaufmannschaft aufzufordern, die für den Ex- und Import über See gesetzlich vorgeschriebenen Abgaben zum Besten der Stadt und des Börsen-Comités, nunmehr während der Blokade, freiwillig auch von den Transporten über die trockene Grenze zu entrichten. Dieser Appell an den Gemeinsinn der Börse hatte die erfreuliche Folge, dass mit einer oder zwei Ausnahmen sämmtliche Handlungshäuser die erbetenen Beiträge einlieferten. Sie entsprachen zwar wenig mehr als dem vierten Theile des regulären Ertrages, setzten aber doch den Börsen-Comité einigermaassen in den Stand über die ökonomischen Schwierigkeiten der Kriegsjahre hinwegzukommen. Zur Zinsenzahlung für die Hafenbauanleihen bewilligte der Finanzminister einen Vorschuss aus dem Collegium allgemeiner Fürsorge, der bald nach dem Frieden zurückerstattet wurde.

Stadt und Land hätten die Drangsale des Kriegszustandes, bei stockendem Erwerb und vermehrten Lasten, noch viel tiefer empfinden müssen, wenn nicht der Fürst Suworow, als General-Gouverneur und Obercommandirender aller in der Provinz versammelten Streitkräfte, das Wohl der Bevölkerung im Auge behaltend, jede irgend mögliche Erleichterung herbeigeführt und manches Ungemach abgewandt oder gemildert hätte. Dabei wirkte seine Persönlichkeit nach allen Seiten hin ermuthigend und steigerte mit dem allgemeinen Vertrauen auf die Zukunft auch die freudige Opferwilligkeit für die Gegenwart. Alle Stände wetteiferten in patriotischen Kundgebungen.

Unmittelbar nachdem die baltischen Provinzen am 21. Februar 1854 in Kriegszustand erklärt waren, wurden, auf Anordnung des vom Fürsten präsidirten Kriegs-Comités, Riga und dessen Citadelle in wehrhaften Stand gesetzt, die alten Befestigungen auf jede Weise verstärkt. Als Commandanten hatten wir den exacten und bürgerfreundlichen General R. von Wrangell, und Truppen, reguläre und irreguläre, waren, wie man versicherte, in genügender Zahl zur Stelle. Dennoch erklärte die Bürgerschaft ihre Bereitwilligkeit, ebenfalls zur Vertheidigung der Stadt unter Waffen zu treten. Neben der seit Alters bestehenden militärisch-ekipirten reitenden Stadtgarde, organisirte man, unter dem Commando des Rathsherrn August Deubner, als Obersten, eine nicht uniformirte Bürgergarde zu Fuss und eine besondere, für den Dienst in den Vorstädten bestimmte sogenannte Sicherheitswache. Auch wurden die Handlungsämter der Messer, Ligger und Hanfbinder zur Bedienung der Festungsgeschütze abgerichtet und alart gehalten.*)

Vor Allem wichtig musste die Vertheidigung des Hafens

*) Schon zu Anfang der Campagne hatte der Feind aus dem inneren Hafen Libaus die russischen Schiffe herausgeholt und als Prisen fortgeführt. Nach diesem Vorgange musste um so eher mit der Möglichkeit einer Forcirung der Düna und eines Angriffs auf Riga gerechnet werden.

erscheinen. In erster Reihe war die Festung Dünamünde dazu berufen; ausserdem aber wurden mehrere Strandbatterien errichtet, eine Sperrkette angebracht und Versenkungsstücke bereit gehalten. Die livländische Ritterschaft liess auf ihre Kosten auf der Philipsenschen Werft bei Mühlgraben 16 Kanonenboote erbauen, deren feierlichem Stapellaufe ich am 2. Juni beizuwohnen hatte, und deren Armirung und Führung der Capitän-Lieutenant Istomin übernahm.*)

Den militärischen Anordnungen zur Abwehr einer feindlichen Landung schlossen sich mehrere Vorkehrungen an, für den Fall, dass die Stadt bombardirt werden sollte. Unter anderem formirte man, neben der polizeilichen, eine bürgerliche Brandwache, versorgte die Dachräume aller Häuser mit Wasserbehältern, Feuerlöschgeräthschaften u. s. w.

Bezeichnend für die Zeit und die herrschende Stimmung waren ferner die pecuniären Leistungen, denen sich die Stadt in loyalster Weise für Kriegszwecke unterzog. Sie bestanden theils in baaren Darbringungen an den Kriegs-Comité, theils in Quartierlasten, Militärverpflegungen, Bauten u. s. w. und summirten sich, nach einer niedrigsten Schätzung, die ich dem Fürsten Suworow vorlegte, auf mehr als eine halbe Million Silberrubel. Nur ein Theil davon bezog sich auf die der Stadt allerdings obliegende Verpflichtung, den stationären und durchziehenden Truppen ein Unterkommen zu bereiten.

Nicht minder bemerkenswerth waren die von Corporationen und einzelnen Personen ausgehenden Spenden zur Linderung des in dieser Zeit immer weiter um sich greifenden Nothstandes. Der Börsen-Comité bewilligte für die Verwundeten und zur Versorgung der Familien einberufener Soldaten 14500 Silberrubel.

Das Armendirectorium, wie alle übrigen philanthropischen Anstalten verabfolgten Unterstützungen bis an die äussersten Grenzen ihres Vermögens. Von den verschiedensten Seiten

*) Istomin und seine kleine Flottille bestanden am 29. Juli 1855 ein glückliches Rencontre mit zwei englischen Orlogschiffen, welche an diesem Tage ihr Feuer auf die Strandbatterien eröffneten. Dasselbe blieb demzufolge ohne Effect und wurde nicht wiederholt.

wurden Sammlungen zum Besten der Bedürftigen veranstaltet. Eine solche, welche von den evangelischen Predigern ausging, führte zur Bildung eines Vereins, der unter dem Namen »Kirchliche Armenpflege« dauernd geblieben ist und fortwährend wohlthätig wirkt. Ich folgte der Aufforderung des würdigen Vorsitzenden, Oberpastors Poelchau, indem ich als Mitglied in den Haupt-Comité dieses Vereins eintrat. Unvergessen ist auch, dass die Börsenkaufmannschaft, zur Feier der Silberhochzeit des Fürsten Suworow am 12. November 1855, etwa 6000 Silberrubel darbrachte, welche nach Bestimmung des Fürsten capitalisirt wurden, damit die Zinsen in Nothjahren zur Unterstützung bedürftiger Stadtbewohner mit Brod und Brennholz verwandt werden können. Die Verwaltung übernahm ein sogenannter »Hülfs-Comité vom 12. November«, dem ich ebenfalls als Mitglied angehörte.

Es bedarf keiner besonderen Erwähnung, wie die städtischen Behörden und an ihrer Spitze der Rath, den gebieterischen Anforderungen des Kriegszustandes in jeder Beziehung freudig und pflichtgetreu entgegenkamen. Dass sie von patriotischem Geiste beseelt, bei jeder Gelegenheit helfend und fördernd eingriffen, ist ebenso selbstverständlich, als dass sie unter diesen exceptionellen Verhältnissen vielfach in Anspruch genommen und in Athem gehalten wurden. Nur die handelspolizeiliche Thätigkeit des Wettgerichts konnte, beim Brachliegen des Seeverkehrs, keine sehr angestrengte sein und bezog sich im Wesentlichen auf zweckdienliche Anordnungen zur Erleichterung und Sicherung des Ueberlandhandels.

Die erschütterndste Kunde, welche die Stadt während der Wechselfälle des Krieges erreichte, war die von dem Ableben des hochseligen Kaisers Nicolaus. Die Trauerbotschaft musste seine getreuen Unterthanen um so tiefer ergreifen, je weniger man darauf vorbereitet war. Da wir in Ermangelung einer telegraphischen Verbindung mit St. Petersburg die erste Nachricht aus Berlin erhielten*), so eilte ich zum Fürsten Suworow,

*) Zwischen Petersburg und Berlin bestand ein optischer Telegraph, so dass der preussische Staatsanzeiger uns die Nachricht schneller bringen konnte, als die langsame Post aus St. Petersburg.

um Näheres zu erfahren, und kann die Bestürzung und den Schmerz nicht vergessen, worin ich ihn und seine Familie erblickte. In den folgenden Tagen füllten sich die Gotteshäuser, zum Gebete für die Seelenruhe des entschlafenen Landesherrn und zur Huldigung und Eidesleistung für seinen erhabenen Nachfolger Kaiser Alexander II.

In den letzten Tagen des März 1856 feierte Riga die Wiederkehr des heiss ersehnten Friedens. Alles athmete wieder auf; schnell belebte sich der Strom mit Schiffen; Handel und Gewerbe nahmen erneuerten Aufschwung, und ein öffentliches Leben entfaltete sich bald, eine ausserordentliche Rührigkeit. Namentlich wurden fast alle während der Kriegszeit ruhenden gemeinnützigen Arbeiten und Projecte sofort mit Eifer wieder aufgenommen. Als das wichtigste derselben erkannte man allgemein die in Aussicht genommene Schienenverbindung Rigas mit Dünaburg.

IV.

Angeregt durch eine Denkschrift des Staatsraths von Wittenheim, hatte der Börsen-Comité bereits im Jahre 1847 die Errichtung einer Eisenbahn von Riga nach Dünaburg zur Sprache gebracht und bei dieser Gelegenheit von der Kaufmannschaft die Ermächtigung erhalten, über die zur Einleitung eines solchen Unternehmens nöthigen Geldmittel zu verfügen. Nachdem man sich jedoch davon überzeugt hatte, dass die Oberverwaltung der Wegeverbindungen und öffentlichen Bauten dem Projecte nicht gewogen war, wurde der Sache keine weitere Folge gegeben. Als nun aber im Jahre 1852 die Herstellung einer Eisenbahn von St. Petersburg über Dünaburg nach Warschau Allerhöchst decretirt wurde, musste ein Anschluss an diese Linie von absoluter Nothwendigkeit erscheinen, wenn Riga nicht von dieser grossen Verbindungsader mit dem europäischen Eisenbahnsystem ausgeschlossen bleiben sollte. Mein Antrag: für das Zustandekommen eines Schienenweges nach Dünaburg, mit Aufgebot aller Kräfte in Action zu treten, fand also die volle Beistimmung des Börsen-Comités; worauf ich der Angelegenheit mich mit ganzer Hingebung zu widmen gelobte. Es ward mir nicht schwer, den Fürsten Suworow für unseren Plan zu erwärmen, und als erste Etappe zu dem vorgesteckten Ziele, erlangten wir, auf seine Fürsprache im Mai 1852, die Kaiserliche Genehmigung zur Anfertigung eines Eisenbahn-Tracés auf dem uns aus strategischen Gründen vorgeschriebenen rechten Ufer der Düna.

Der Börsen-Comité hatte aber kaum die ersten hierauf bezüglichen Anordnungen getroffen und zu den weiteren Verständigungen über das Project, die erforderliche Persönlichkeit in Petersburg bestellt, als sich gegen diese Maassnahmen eine protestirende Opposition aus der Mitte der Kaufmannschaft erhob. Der Börsen-Comité sah sich demzufolge genöthigt in den Monaten Juli und August drei aufeinander folgende Generalversammlungen anzuberaumen, worin nach langen und heissen Debatten die Opposition zwar glänzend zurückgeschlagen wurde; immer aber entsprang aus diesem Zwischenfalle eine empfindliche Verzögerung in dem Betriebe der ganzen Angelegenheit.

Gestärkt durch das Vertrauensvotum seiner Committenten, ging der Börsen-Comité mit verdoppeltem Eifer an die Ausarbeitung und Zusammenstellung der zur Motivirung dieser Eisenbahnanlage und ihrer Rentabilität erforderlichen Schriftstücke, finanziellen Vorschläge und Berechnungen. Es war keine ganz leichte Arbeit, da ich, in Ermangelung aller statistischen Quellen, den benöthigten Daten auf den verschiedensten Wegen nachforschen musste, um sie dann prüfen, sichten und zweckdienlich verwerthen zu können. Gleichzeitig wurde durch den uns von berufenster Seite empfohlenen Eisenbahn-Ingenieur Gonzenbach die Bahnrichtung in der Natur untersucht und ein vorläufiges Tracé nebst Kostencalcul ausgearbeitet, so dass wir Anfangs 1853 unsern Fürsten Suworow mit einem ausreichenden Material zur Begründung des Concessionsgesuchs versehen konnten. Auf seine persönliche und thätige Verwendung erfolgte dann auch die erbetene Allerhöchste Concession am 18. Mai und lautete dahin: dass der Rigaschen Kaufmannschaft gestattet wird, zur Errichtung einer Eisenbahn Riga-Dünaburg auf dem rechten Dünaufer eine Actiengesellschaft mit einem Anlagecapital von 12 Millionen Silberrubel, einer Staatsgarantie von $4^1/_2$ procent jährlich und einer Exploitationsfrist von 56 Jahren zu gründen; wonebst dem Börsen-Comité anheim gestellt wurde, auf denselben Grundlagen die erforderlichen Schritte zu thun, um die Fortsetzung der Bahn von Dünaburg bis Witebsk zu bewirken.

Indem das Börsen-Comité somit die ihm gestellte Aufgabe gelöst hatte, berief er im folgenden Monate eine allgemeine Versammlung der Kaufmannschaft, legte ihr die gute Botschaft vor und beantragte die Ernennung einer besondern Eisenbahn-Commission, welche, der erworbenen Concession gemäss, das Weitere wahrnehmen und bis zur Constituirung der Actiengesellschaft in Permanenz bleiben sollte. Nachdem die Versammlung diesen Antrag zum Beschluss erhoben hatte, bat ich dieselbe, bei der Wahl der Commissionsglieder nicht auf mich zu reflectiren, da meine Zeit und Kräfte bereits durch den Vorsitz im Börsen-Comité zu sehr in Anspruch genommen wären. Die aus 15 Gliedern bestehende Commission wurde erwählt und constituirte sich unter dem Vorsitze des General-Consuls C. H. von Wöhrmann. Zur Unterstützung derselben, namentlich bei höheren Orts zu stellenden Anträgen, wurde mit allerhöchster Genehmigung, unter dem Präsidium des General-Gouverneurs, ein s. g. leitender Eisenbahn-Comité eingesetzt, dem ich als Mitglied beizutreten hatte. Nach einigen Monaten wurde indessen die von Wöhrmann präsidirte Commission, anlässlich seines Rücktrittes, durch Beschluss der Kaufmannschaft wieder aufgehoben und die Weiterführung der Bahnangelegenheit aufs Neue dem Börsen-Comité, oder vielmehr einer unter seiner Betheiligung zu bildenden und in seinem Namen agirenden permanenten Commission zugewiesen und anvertraut. Zum ständigen Gliede derselben ernannt, verblieb mir das Präsidium auch nach meinem Austritte aus dem Börsen-Comité. Im Uebrigen zählte die Commission 20 Glieder und hatte als Schriftführer den Collegien-Assessor, nachmaligen Rathsherrn Alexander Faltin, dessen Verdienste um unser Eisenbahnwesen in der Folge immer dankenswerther hervortraten.

In Uebereinstimmung mit dem ihrer Vorgängerin ertheilten Mandate, ging unsere Commission sofort an den Versuch zur Gründung einer mit der Eisenbahn-Concession zu betrauenden Actiengesellschaft. Wir waren dabei nach Lage der Verhältnisse genöthigt, unser Augenmerk auf die Heranziehung ausländischer Capitalien zu richten, mussten aber bald inne werden, dass eine Betheiligung fremder Geldgeber nicht erhofft werden konnte, ehe und bevor die Anlagekosten der Bahn auf Grund eines genauen Specialnivellements zuverlässig ermittelt und fest gestellt wären. Wir beschlossen also diese Arbeit durch den Ingenieur Gonzenbach ausführen zu lassen. Er ging auch unverweilt ans Werk, zog sich aber, aus Gründen, die der Commission unbekannt geblieben sind, plötzlich davon zurück und da inzwischen der politische Horizont sich verdunkelt hatte bald auch der Krieg ausbrach, so gerieth die Angelegenheit vorderhand ins Stocken.

Nicht lange jedoch vermochten wir in der Unthätigkeit zu verharren, wozu uns die Missgunst der Zeitverhältnisse zu verurtheilen schien. Wir entschlossen uns vielmehr, des Kriegszustandes ungeachtet, das specielle Nivellement und die damit verbundenen Projectionen und die Voranschläge fortsetzen zu lassen, und engagirten zu dem Ende, als Gonzenbachs Nachfolger, die Ingenieure Hennings und Stein. Nachdem sie die übernommenen Verpflichtungen zur Zufriedenheit der Commission erfüllt hatten, wurden die von ihnen gelieferten Arbeiten in aller Vollständigkeit, zur öffentlichen Beurtheilung an der Börse ausgelegt und von Sachverständigen als regelrecht anerkannt und belobt. Die auf Basis dieser technischen Ermittelungen formirte Generalrechnung bestätigte die Richtigkeit des ursprünglichen Calculs, wonach die Herstellung der Bahn ein Actiencapital von 12 Millionen Rubel erfordern würde. Unterdessen hatte sich die Commission mit der Ausarbeitung eines Statuts für die zu errichtende Actiengesellschaft beschäftigt und im Januar 1856 überreichten wir dem General-Gouverneur den betreffenden Entwurf, zugleich mit dem gesammten technischen und financiellen Elaborat, behufs Vorstellung an die Oberverwaltung der Wegeverbindungen und öffentlichen Bauten.

Während des Krieges hätten etwaige Bemühungen zur Bildung einer Actiengesellschaft selbstverständlich keinen Erfolg haben können. Sobald aber der Friede in Sicht war, beeilten wir uns, sowohl auf privatem, wie auf officiellem Wege, zweckfördernde Verbindungen mit in- und ausländischen Bankhäusern anzuknüpfen. Eine ernste Neigung, auf unsere Vorschläge einzugehen, zeigte sich in London, von wo Herr Henry Robinson, als Bevollmächtigter einer Anzahl vorläufiger Actienzeichner, in Riga erschien. Aus den Verhandlungen, die ich, Namens und im Auftrage der Commission, mit ihm führte, resultirte eine Punctation über die Bedingungen, unter welchen die Vollmachtgeber Robinsons in den Genuss der dem Börsen-Comité verliehenen Concession eintreten sollten. Allem zuvor musste jedoch die autoritative Genehmigung des technischen Projects und des Statutenentwurfs eingeholt werden. In dieser Veranlassung begab ich mich, ausgerüstet mit den besten Empfehlungen des Fürsten Suworow, nach St. Petersburg, wohin mir bald darauf Robinson folgte.

Der neue Oberdirigirende der Wegeverbindungen und öffentlichen Bauten General Tschewkin empfing mich mit der überraschenden Eröffnung, dass er das Actiencapital der Riga-Dünaburger Bahn um ein Bedeutendes herabsetzen werde. Ich bat ihn natürlich von diesem Vorhaben abzustehen, indem ich mich darauf berief, dass dieses Actiencapital bereits durch die Kaiserliche Concession vom 18. Mai 1853 normirt und festgestellt sei; ausserdem berechne sich dasselbe nicht auf mehr als 58 m. Rubel pr. Werst und sei also um gute 30 Procent niedriger, als wozu bis jetzt die billigsten Eisenbahnen in Russland gebaut wären. Nur falls es beliebt werden sollte, anstatt der projectirten Doppelspur, ein einfaches Geleise zuzulassen, könne eine entsprechende Ermässigung des Baucapitals motivirt erscheinen. Meine wiederholten und inständigsten Vorstellungen blieben aber fruchtlos und aus den weiteren Unterredungen musste sich mir die Ueberzeugung aufdrängen, dass General Tschewkin nicht üble Lust hatte, das Riga-Dünaburger Project ganz und gar fallen zu lassen, und statt dessen ein von andern Seiten lebhaft befürwortetes Projekt, die Eisenbahn von Dünaburg nach Libau zu fördern. — Unter dem Eindrucke der mir bei diesen Verhandlungen entgegentretenden Sorgen und Widerwärtigkeiten wurde ich auf ein Krankenlager geworfen, von dem ich mich nur langsam erholen konnte. Kaum genesen, liess ich es mir angelegen sein, einflussreiche Persönlichkeiten für unser Eisenbahnproject zu gewinnen und zu einer directen oder indirecten Vertretung desselben bei General Tschewkin zu vermögen. Meine betreffenden Schritte fanden, unter andern das freundlichste Entgegenkommen bei dem früheren General-Gouverneur von Finnland, nachmaligen Statthalter von Polen, Grafen Berg und bei dem Gehülfen des Oberdirigirenden, Ingenieur-General von Gerstfeldt, beide aus den Ostseeprovinzen stammend und mit den dortigen Verhältnissen bekannt, also auch mit einem Verständnisse dafür, dass patriotisch gesinnte Männer sich ohne eigennützige Hintergedanken, zur Förderung gemeinnütziger Werke bereit finden lassen. Der Intervention des Grafen Berg verdankte ich denn auch einen convenableren Standpunkt bei Wiederaufnahme meiner Relationen mit General Tschewkin. Eine directe Bedrohung unsers Eisenbahnprojects vernahm ich nicht mehr, wohl aber noch ein unnachgiebiges Bestehen auf die Reduction des Anlagecapitals. Unterdessen war es Robinson, mit seinem offenbar grösseren Talente für die Bewegungsmethode auf diesem Terrain, gelungen, sich bei dem Oberdirigirenden dadurch zu insinuiren, dass er einer solchen Reduction beistimmte. Ich erhielt diese Mittheilung von General Tschewkin mit der Aufforderung, über das Weitere mit Robinson Rücksprache zu nehmen, und mit dem Hinzufügen, dass die technischen Projecte und Kostenanschläge, sobald sie in der Oberverwaltung umgearbeitet wären, dem Fürsten Suworow zugefertigt werden würden. Nach einiger Zeit trafen sie auch in Riga ein und bezifferten das Anlage- und Actiencapital der Bahn auf 10200000 Rubel, d. h. genau 50000 Rubel pr. Werst. Die ursprünglich vom Staate concedirte Summe hatte also einen Abstrich von 1800000 Rubel erlitten. Am auffälligsten waren die Bahnhofanlagen und die Betriebsmittel an Locomotiven und

Wagen reducirt; die Doppelspur der Bahn war aber beibehalten.

Als Robinson in die Voranschläge der Oberverwaltung Einsicht genommen hatte, erklärte er, dass bei so veränderten Umständen nur dann eine Hoffnung verbleiben würde, die englischen Actionäre zusammenzuhalten, wenn die Rigasche Kaufmannschaft ihr unerschüttertes Vertrauen zu der Unternehmung, durch eine namhafte Actienzeichnung an den Tag legen wollte, und wenn es daneben gelingen möchte, zuverlässige Bauunternehmer in den Grenzen der neuen Kostenanschläge aufzutreiben. Damit einverstanden, glaubte ich, nur hinzufügen zu müssen, dass zur bessern Financiirung des Unternehmens jedenfalls eine Verlängerung der Exploitationsfrist erstrebt werden müsse. Der Fürst Suworow stimmte mir darin bei und versprach, bei seiner nächsten Anwesenheit in Petersburg, diese Ansicht mit dem äussersten Nachdrucke zur Geltung zu bringen.

Die Subscription auf Actien wurde sofort von uns eröffnet und hatte den befriedigenden Erfolg, dass an der Börse für etwa zwei Millionen Rubel gezeichnet wurden. Da es hiernach angezeigt schien, eine gemeinsame Repräsentanz der auswärtigen und einheimischen Actienzeichner einzusetzen, so wurde eine provisorische Direction der Riga-Dünaburger Eisenbahngesellschaft erwählt, die sich im September 1856 in Riga constituirte und aus den Herren Staatsrath B. von Stoever, H. Robinson, Rathsherr A. Hollander, Th. Renny und A. Hill bestand. Als Mandatare derselben reisten Robinson und Hollander nach St. Petersburg, wo sie mit dem Oberdirigirenden über die weiteren Modalitäten hinsichtlich des technischen Projects und der Bauausführung sich verständigen und die Ratification der Gesellschaftsstatuten erwirken sollten. Statt eines Hinweises auf die Schwierigkeiten, die diese gewandten und thätigen Deputirten noch zu überwinden hatten, möge die Erwähnung genügen, dass sie länger als ein Jahr in der Residenz festgehalten wurden.

Während dieser Zeit war unsere Commission wiederholt in Action getreten, um die provisorische Direction und ihre Abgeordneten zu secundiren; hatte auch ausserdem in Riga selbst mit unerwarteten Widerwärtigkeiten zu kämpfen. Zu den Eisenbahnen, welche der eben aufgetauchten grossen russischen (s. g. französischen) Gesellschaft zugestanden waren, gehörte auch eine Linie Dünaburg-Libau, für deren Rentabilität jede Aussicht schwinden musste, falls die Rigaer Bahn zu Stande käme. Um unser Project zu vereiteln, wurden also von jener Seite alle möglichen Hebel in Bewegung gesetzt, unter anderem starke polemische Artikel in der Tagespresse, denen ich natürlich auf demselben Wege so schneidig als möglich entgegentreten musste. Aber nicht genug damit. In Riga erschienen Reisende, ich möchte sie Emissäre nennen, welche die Ansicht zu verbreiten suchten, dass unsere Eisenbahn-Commission niemals zum Ziele kommen würde, wenn sie sich nicht schnell entschliessen wollte, die Bahnrichtung auf dem rechten Dünaufer aufzugeben und statt dessen eine Concession auf dem linken Ufer nachzusuchen. Mit andern Worten: wir sollten das ganze Recht, das wir auf Grund einer Allerhöchsten Concession in Händen hatten, fallen lassen, und die ganze Procedur wieder von vorne anfangen, um in dem Interesse der grossen Gesellschaft, auf irgend einem Punkte den Anschluss an die von ihr patronisirte Dünaburg-Libauer Bahn zu erbitten. So durchsichtig diese Intrigue war, so gelang es ihr doch, Proselyten zu machen. Es erhob sich eine immer lauter werdende Opposition gegen unsere Commission und insbesondere gegen mich, dem man ein starrsinniges Festhalten an eine hoffnungslose Sache vorwarf. Ich fürchtete schon eine Wiederkehr der in den Generalversammlungen des Jahres 1852 mühsam überwundenen Conflicte, wenn nicht gar eine particularistische Diversion in St. Petersburg, und entschloss mich zur Abwendung derselben die Hülfe des Fürsten Suworow in Anspruch zu nehmen. Ich hatte dazu um so mehr Ursache, als die von ihm, übereinstimmend mit der Commission eingenommene Stellung zur Sache, durch ein unbedachtes Auftreten der Gegenpartei compromittirt worden wäre. Der Fürst, der sich zur Zeit in Petersburg aufhielt, beeilte sich auch, durch Vermittelung des Staatsraths von Rudnicki, den Spitzen der Opposition telegraphisch die Weisung zukommen zu lassen, sich ruhig zu verhalten.

Einige Wochen, nachdem diese Gefährdung unsers Eisenbahnprojects glücklich abgelenkt war, gewann es den Anschein als ob auch sonstige offene und verdeckte Gegenströmungen beschwichtigt wären, denn wir wurden durch die Nachricht erfreut, dass es dem Fürsten gelungen war, für unsere Actiengesellschaft die Erstreckung der Nutzungsfrist von 56 auf 75 Jahre zu erwirken. Die financielle Grundlage war somit wesentlich verbessert, indem die Tilgungsquote nur noch einen ganz geringen Bruchtheil der vom Staate garantirten jährlichen $4^1/_2$ Procent absorbiren und einen verhältnissmässig höheren Zinsenbezug gestatten würde. Nicht lange darnach war auch die provisorische Direction in der angenehmen Lage, uns mittheilen zu können, dass in England alle Vorbereitungen getroffen waren, um nach erfolgter Constituirung der Gesellschaft, einen erfahrenen Bau-Contractor in der Person des Herrn Th. Jackson, und als obersten Leiter des Bahnbaues den renommirten Ingenieur Herrn John Hawkshaw, zu gewinnen. Endlich näherten sich auch die Auseinandersetzungen mit der Oberverwaltung der öffentlichen Bauten ihrem lang ersehnten Abschlusse. Für das von ihr mit unsern Deputirten vereinbarte Statut der Riga-Dünaburger Eisenbahngesellschaft erfolgte die Allerhöchste Bestätigung am 23. Januar 1858.

Auf den Antrag unserer Commission berief nunmehr der Börsen-Comité die erste und constituirende Generalversammlung der Actionäre. Als Präses der Commission hatte ich die Verhandlungen zu leiten und eröffnete dieselben mit einem Berichte über unsere seitherige Thätigkeit und die nun vorliegenden Resultate derselben. Die Versammlung genehmigte alle Maassnahmen der Commission und der provisorischen Vertretung der Actionäre, worauf zur statutenmässigen Wahl einer definitiven Direktion geschritten wurde. Ich hatte während meiner fast sechsjährigen Bemühungen für das Zustandekommen dieser Eisenbahn auf einem gar zu dornenvollen Wege wandeln müssen, um nicht endlich jetzt am erreichten Ziele, den Wunsch nach Erlösung zu hegen und verbat mir darum vorgängig jede etwaige Berufung in die Direction. Gewählt wurden die Herren Staatsrath von Stoever, Robinson, A. Hollander, Renny und

Collegien-Assessor Faltin. Ich lud sie ein, sofort in ihre Functionen einzutreten und bewahre mit tief empfundener Dankbarkeit die Erinnerung der an mich gerichteten herzlichen Worte, womit von ihnen die Tagesordnung beschlossen wurde.

Ohne Verzug und mit voller Energie ging die Direction an die Ausführung des Bahnbaues. Der erste Spatenstich wurde am 8. Mai in feierlicher Weise in Gegenwart des Fürsten Suworow und bei grosser und freudig erregter Betheiligung des Publicums, vollzogen. Am 12. September 1861 eröffnete die Direction den Verkehr auf der ganzen vollendet hergestellten 204 Werst langen Linie.

Zur Beantwortung der Frage: ob und inwiefern das im Jahr 1852 vom Börsen-Comité auf 12 Millionen bei 4½ % Staatsgarantie veranschlagte Anlagecapital dieser Bahn zu hoch gegriffen und eine Reduction desselben auf 10,2 Millionen gerechtfertigt war, dürfte Folgendes zu erwähnen sein. Der erste Bau-Contractor Jackson hielt nur ein Jahr aus und konnte seine Verpflichtungen nicht erfüllen. Seine Nachfolger Ashbury und Watson traten ebenfalls vor Vollendung der Arbeiten vom Contracte zurück, und schon in den ersten Jahren nach der Eröffnung des Betriebes mussten zur Erweiterung der Bahnhofsanlagen und Vermehrung des rollenden Inventars 1 900 000 Rubel gegen 5procentige vom Staate garantirte Obligationen angeliehen werden.

In dem Kaiserlichen Befehle vom 18. Mai 1852 war dem Börsen-Comité nicht nur die Bildung der Riga-Dünaburger Gesellschaft, sondern erwähntermaassen auch die Genehmigung ertheilt worden, auf denselben Grundlagen die Herstellung einer Eisenbahn von Dünaburg nach Witebsk in die Hand zu nehmen. Um zu diesem Zwecke die nöthigen Vorarbeiten bewerkstelligen zu können, wandte sich der Börsen-Comité rechtzeitig mit dem gebührenden Gesuche an den Oberdirigirenden der öffentlichen Bauten, erhielt aber zu nicht geringer Ueberraschung einen abschlägigen Bescheid und zwar unter dem angegebenen Grunde: »dass der grossen russischen Eisenbahngesellschaft bereits eine von der Moskau-Theodosiaer Linie abzweigende Bahn nach

Dünaburg concedirt sei«. Nach einiger Zeit erfuhr man jedoch, dass die Strecke Dünaburg-Witebsk einer englischen Gesellschaft überlassen war, die noch dazu das Glück gehabt hatte, eine 85 jährige Exploitationsfrist und eine Staatsgarantie von $5^1/_{12}$ procent auf 66 mille metallischen Rubeln per Werst einspuriger Bahnlänge zu erzielen.

Ueberhaupt hatte Riga weder früher noch später Ursache, sich einer sonderlichen Berücksichtigung seiner commerciellen Interessen bei den staatlichen Eisenbahnconcessionen zu erfreuen. Die neuen Linien schienen alle mehr oder weniger darauf angelegt, die Waarenzüge von ihrem alten Wege nach Riga abzulenken und dagegen theils Libau, theils den preussischen Häfen zuzuwenden. Nach dem zwischen der Staatsregierung und der grossen russischen Gesellschaft vereinbarten Plane sollte Dünaburg nicht mit Riga, sondern mit Libau und sollte Kowno (oder ein näherer Punkt an der Petersburg-Warschauer-Bahn) nicht mit Libau, sondern mit Königsberg verbunden werden*) — einer Combination, der gegenüber sich das Ringen Rigas um die Eisenbahn nach Dünaburg im vollen Sinne des Worts zu einem Kampfe um das Dasein gestaltete. Ich bestürmte natürlicherweise in erster Reihe den Fürsten Suworow mit der Bitte, für unsere gute und gerechte Sache einzutreten; versäumte aber ausserdem keine Gelegenheit, um in Wort und Schrift darauf hinzuweisen, dass es allen volkswirthschaftlichen und handelspolitischen Principien zuwider sei, mit grossen Opfern des Staats Verkehrswege zu improvisiren, wodurch eine alte weltbekannte und zur Abwickelung der grössten Geschäfte befähigte Handelsstadt wie Riga, in ihrer Thätigkeit gelähmt werden würde, um statt dessen andere neue oder gar ausländische Häfen zu Stapelplätzen für den russischen Seehandel heranzubilden. Dem beharrlichen Streben des Fürsten gelang es zwar für Riga die Linie nach Dünaburg und für Libau die ebenso naturgemässe, auch von mir stets befürwortete

*) Acte contenant les conditions fondamentales de la concession du premier reseau des chemins de fer russes (Journal de St. Petersbourg 3./15. Février 1857).

Verbindung mit Kowno*), zu sichern, aber auf die weitere Gestaltung der Schienentracte, welche jene Linien hätten alimentiren sollen, war unser General-Gouverneur nicht in der Lage, einen Einfluss auszuüben. Nichts konnte endlich die in den competenten hohen Eisenbahninstanzen Riga gegenüber herrschende Stimmung deutlicher offenbaren, als dass, nachdem Libau bereits in Koschedari einen Anschluss an die grosse Petersburg-Warschauer Verkehrsader erhalten hatte, dennoch auf Staatskosten für Libau eine weitere Zweigbahn von Schaulen nach Dünaburg erbaut wurde. Da man sich für diese Linie ebenso vergeblich nach strategischen wie nach nationalökonomischen Motiven umsieht, so kann ihr schwerlich eine andere Bedeutung als die einer Nebenbuhlerin der Riga-Dünaburger Bahn zuerkannt werden. Wenn trotz alledem die Riga-Dünaburger Bahn zwischenein im Stande war, die staatliche Subvention zu entbehren und ihren Actionären Extradividenden zu zahlen, so verdankten wir dieses in einem nicht zu unterschätzenden Maasse der unermüdlichen Vigilanz der Direction und ihres neuen Präses, des Vice-Gouverneurs Julius von Cube.

Noch vor der Vollendung des Riga-Dünaburger Bahnbaues tauchte das Project einer Schienenverbindung Rigas mit Königsberg, via Tauroggen und Tilsit, auf. Urheber desselben war ein Fürst Wassiltschikow, der zu dem Ende nach Riga kam und auf Veranlassung des Fürsten Suworow mit mir in Berathung trat. Nachdem wir uns über alle Gesichtspunkte eines solchen Unternehmens ausgesprochen und verständigt hatten, übergab ich ihm, seinem Wunsche gemäss, ein bezügliches Promemoria, habe aber nicht erfahren, in welchem Stadium er mit den Bemühungen für sein Project stecken geblieben ist.

*) In den zur Rechtfertigung des Riga-Dünaburger Projects geschriebenen und von der Rigaschen Zeitung wiedergegebenen Artikeln: »Winterschifffahrt und Eisenbahnen« und »Die Libausche Zeitung und die Eisenbahnfrage«, habe ich zwar die von gegnerischer Seite (Libau-Dünaburg) übertrieben ausgemalten Erwartungen von einer Winterbeschiffung der Ostsee bekämpft, und die Bedeutung eines eisfreien Hafens in diesem Maasse auf ihr richtiges Maass zurückgeführt, immer aber daneben die natürliche Berechtigung einer Eisenstrasse von Libau nach Kowno anerkannt und hervorgehoben.

V.

Während ich noch in der Eisenbahn-Commission den Vorsitz führte und selbstverständlich meinen Amtspflichten im Rathe und im Wettgericht oblag, eröffnete sich mir ein neues und interessantes Feld andauernder Thätigkeit, in Veranlassung der Abtragung der Rigaschen Festungswerke.

Der längst gehegte Wunsch der Stadtbewohner, von den Fesseln befreit zu werden, welche durch die alten Fortificationen, dem Verkehr und der allgemeinen Entwickelung aufgelegt waren, sollte endlich in Erfüllung gehen. Nachdem die Militärobrigkeit sich der Schleifung der Rigaschen Festung nicht mehr so abgeneigt wie bei früheren Anregungen dieser Frage gezeigt hatte, wurde die Angelegenheit vom Fürsten Suworow mit dem Eifer und der Wärme erfasst, die er allemal den gemeinnützigen Wünschen und Bestrebungen in seinem Verwaltungsgebiete entgegenbrachte. Seinen Vorstellungen gelang es, bei persönlicher Anwesenheit in der Residenz, im Februar 1856, einen Allerhöchsten Befehl auszuwirken, dem zu Folge die Entfestigung der Stadt Riga, mit Ausnahme der Cidatelle, im Princip ausgesprochen wurde. Die Nachricht erfüllte die Stadt mit Jubel, und auf Anrathen des Fürsten berief der Rath sofort eine Commission, die den Auftrag erhielt, ein der Staatsregierung zu unterlegendes motivirtes Gesuch, um Rückgabe der Festungswerke an die Stadt*), zu entwerfen, danebst die Modalitäten anzugeben, unter welchen die Stadtverwaltung geneigt wäre, die Abtragung dieser Werke durchzuführen. Die Commission bestand aus den Rathsgliedern: Grimm, Hollander, Berg und mir, nebst den Stadtältermännern Lemcke und Meinhardt. Als technischer Beirath wurde der Stadtarchitekt Felsko hinzugezogen, und schon am 14. März waren wir im Stande, dem Rathe über die Erfüllung des uns

*) Die alten aus der schwedischen Zeit herstammenden Festungswerke mit allen dazu gehörigen Gebäuden, als: Arsenale, Sturmkasernen, Wachhäuser, Pulverthürme u. s. w., waren von der Stadt hergestellt, und bis zum Jahre 1811 unterhalten worden; alsdann wurden sie vom Staate unter der Bedingung übernommen, dass sie bei etwaiger Schleifung, wiederum, nebst dem ganzen Terrain, der Stadt zurückgegeben werden sollten.

gewordenen Commissums zu berichten. Unsere Vorlage fand die volle Zustimmung sowohl des Raths als der beiden Gilden, namentlich auch hinsichtlich der von uns projectirten Verwendung und Eintheilung des zur Verfügung kommenden neuen Stadtterrains von etwo 140 m. Quadratfaden, sowie der in Aussicht zu nehmenden öffentlichen Anlagen. Von Seiten der Staatsbehörden erklärte man sich hiernach zwar geneigt, auf die Wünsche und Anträge der Stadt einzugehen, verlangte jedoch zuvor noch weitere Darlegungen und insbesondere eine, je nach der Dringlichkeit, in Kategorien einzutheilende Specification der vorzunehmenden Arbeiten, nebst technischen Projecten und financiellen Voranschlägen. Unsere Commission ging sogleich mit dem grössten Eifer an diese umfassende Arbeit, aber trotz aller Anstrengungen wäre sie nicht in so befriedigender Weise damit zum Ziele gekommen, wenn sie sich nicht einer Beihülfe zu erfreuen gehabt hätte, die nicht dankbar genug anerkannt werden konnte. Es war der Staatsrath Carl von Rudnicki, der aus reiner Gefälligkeit und aus Sympathie für die Sache sich der Mühe unterzog, die Entwürfe unsrer Commission und ihrer Techniker nicht nur in die rechte höheren Orts beliebte Form zu giessen, sondern auch in russischer Sprache niederzuschreiben. So auf das Beste ausgerüstet, erlangte der Fürst am 26. August 1857 einen Kaiserlichen Befehl zur Uebergabe der Festungswerke und ihres Zubehörs an die Stadt. Auf Grund dessen beschloss der Rath ungesäumt die Einsetzung einer ständischen Commission, welche beauftragt und ermächtigt wurde, alles auf die Abtragung der Festungswerke Bezügliche anzuordnen und in Ausführung zu bringen. Diese Commission zählte fünf Glieder aus jedem Stande und hatte den Bürgermeister Grimm zum Präses. Die übrigen Rathsglieder waren: Böthführ, Berg, Hollander (an dessen Stelle später Kroeger) und ich. Von den Gilden wurden die bereits erwähnten Aeltermänner und je vier Aelteste oder Bürger delegirt. Am 11. November hielt die Commission ihre erste Sitzung, und so gross war die Ungeduld des Publicums nach einem sichtbaren Zeichen vom Fallen der beengenden Festungswälle, dass schon am 17.

der erste Spatenstich zu diesem Ziele feierlich vollzogen wurde; worauf im Laufe weniger Wochen, an Stelle des dumpfen und gekrümmten Sandthorweges, eine gerade, breite und lichte Ausfahrt zur Petersburger Vorstadt dem Verkehr geöffnet werden konnte. Während dieses einigermassen extemporirten Vorspiels zu dem grossen Wallabtragungswerke wurden die Vorbereitungen zu einer systematischen Inangriffnahme desselben im kommenden Frühjahre von der Commission rastlos betrieben. Bei der voraussichtlich vielseitigen und umfangreichen Thätigkeit, die sie zu entwickeln haben würde, empfahl sich das Princip der Arbeitstheilung, wesshalb die Commission, auf meinen Antrag, sich zur Bildung von Sectionen entschloss. Der ersten Section wurden das Kanzleiwesen und die juridischen Wahrnehmungen, unter dem Vorsitze von Böthführ, übertragen; der zweiten Section, unter dem Vorsitze von Grimm, die Cassa- und Rechnungsführung; der dritten, Vorsitzer Berg, das Materialienwesen, die Verhandlungen über Grundeinlösungen u. dgl.; der vierten, unter meinem Vorsitze, alle technischen Fragen, imgleichen die Aufmachung der jährlichen Budgets; der fünften, anfangs unter Hollanders, später Kroegers Vorsitz, die Controlle der Arbeitsausführungen und die dafür zu leistenden Zahlungen. Mit der technischen Oberleitung der Arbeiten wurde der Ingenieur Hennings, und als derselbe zur Riga-Dünaburger Eisenbahn überging, der aus Lübeck berufene Ingenieur Weir betraut. Als deren Gehülfe fungirte Architekt Oskar Dietze. Auf Anordnung des General-Gouverneurs wurde später noch der Gouvernements-Architekt Hagen bei den technischen Berathungen zugezogen und somit für die Verhandlungen mit dem Ministerium der öffentlichen Bauten eine sehr nützliche Vermittelung gewonnen. Zum Schriftführer ernannte man den Notar der Steuerverwaltung Lasch. Für die Bureaus und Sitzungen der Commission wurden in der alten Stadt-Artilleriekaserne zwei Säle eingerichtet.

Die für das Jahr 1858 beschlossenen Erdbewegungen und Brückenbauten waren bereits in öffentlicher Licitation vergeben und in Angriff genommen, als uns am 30. April, ganz unerwartet, ein Allerhöchst bestätigter Beschluss des Minister-Comités eröffnet wurde, demzufolge die Stadtverwaltung die

Vorschrift erhielt: »behufs einzuholender Kaiserlicher Genehmigung, in genauer Uebereinstimmung mit den verschiedenen gesetzlichen Bestimmungen über die Anfertigung von Stadtplänen, ihre betreffenden Projecte, nebst den erforderlichen Erläuterungen, in aller Ausführlichkeit und spätestens bis zum 1. Juli vorzustellen«. Wir waren also mit unsrer Wallabtragung in einem gar zu raschen Tempo vorgegangen und sollten jetzt das missverständlich Versäumte in peremtorischer Frist nachholen. Die grösste uns dabei entgegentretende Schwierigkeit lag in der mangelhaften Beschaffenheit der vorhandenen alten Stadtpläne, und es wollte kaum möglich scheinen, die dem zu Folge erforderlichen zahlreichen neuen Vernehmungen und Aufnahmen in der vorgeschriebenen kurzen Zeit auszuführen. Wir gingen indess um so muthiger ans Werk, als der dimittirte Ingenieur-Oberst Baron Theodor von Fircks, aus freundlicher Gesinnung für die Stadt, uns seinen sachverständigen und energischen Beistand anbot. Er sorgte vermöge seiner Connexionen für die Herbeiziehung der benöthigsten geschulten Hülfskräfte zur Verstärkung unsers technischen Bureaus und leitete hierauf dessen Arbeiten mit geschickter und sicherer Hand. Der Erfolg übertraf unsere kühnsten Erwartungen. Schon in der ersten Hälfte des Juni konnte der umsichtig und correct ausgearbeitete Stadtplan, nebst den annoch demandirten Entwürfen, Vorschlägen und Erläuterungsberichten, dem Ministerium der öffentlichen Bauten behändigt werden. Das umfangreiche Elaborat wurde in keinem einzigen Punkte beanstandet, und im Juli erfolgte ein Allerhöchster Befehl, kraft dessen, zugleich mit dem von uns vorgestellten Stadtplane, auch die projectirten Arbeiten der ersten Kategorie bestätigt wurden. Diese Arbeiten waren inzwischen ohne Unterbrechung fortgesetzt worden, und dass der Zwischenfall so schnell und glücklich bei den Staatsbehörden erledigt wurde, hatten wir wiederum der wohlwollenden Intervention des Fürsten Suworow zu danken. — Die im weiteren Fortgange der Entfestigungsarbeiten an das Ministerium zu adressirenden Unterlegungen wurden von der Commission rechtzeitig veranlasst und bezogen sich hauptsächlich auf die Arbeiten der zweiten Kategorie, auf die Expropriationsrechte und auf das Anleihen der erforderlichen Geldmittel. Alle diese Bitten wurden, auf Verwendung des General-Gouverneurs, nach vorgenommener Prüfung im Minister-Comité Allerhöchst genehmigt.

Nach der scharfen Anspannung und erfolgten Auflösung der extraordinären technischen Bureaus, trat die Thätigkeit meiner Section wieder in ihr regelmässiges Geleise. Ihr Wirkungskreis erstreckte sich auf die detaillirte Ausarbeitung und Motivirung aller Projecte, Pläne, Kostenanschläge und Licitationsbedingungen für die in jedem Jahre zu bewerkstelligenden Arbeiten. Diese betrafen zunächst die Abtragung der Fortificationen, dann die verschiedenen Aufschüttungen und Planirungen, die Ausgestaltung des neuen Stadtcanals mit seinen Brücken, Schleusen, Uferbefestigungen, Landungsplätzen u. s. w., die Regulirung des Quais an der Düna, einschliesslich Bollwerke und Wenzel, die neuen unterirdischen Entwässerungsanlagen, die Herstellung der neuen Strassen, Chausséen, Promenaden und Gartenanlagen, die Entwürfe zu Regeln für die Bebauung des neuen Terrains und zu den Bedingungen für den Verkauf der Bauplätze, deren Einmessung u. s. w. Nachdem diese Gegenstände in der Section sorgfältig bedacht und berathen, der Commission im Plenum vorgelegt und von derselben approbirt waren, hatte ich dieselben beim General-Gouverneur persönlich zu erläutern und nicht selten gegen von andern Seiten verlautbarte Anfechtungen zu vertreten. Ferner übertrug mir die Commission die Ausarbeitung aller auf die ökonomischen und financiellen Momente sich beziehenden Calculationen, Verschläge und Ausfertigungen, sowie die Delegation zu einem von der Gouvernementsobrigkeit niedergesetzten Comité zum Entwurf einer neuen Rigaschen Bauordnung.

Es wäre wohl nicht angebracht, wollte ich hier eine ins Einzelne gehende Schilderung Alles dessen versuchen, was die Commission während ihres sechsjährigen Bestehens geleistet hat. Die Abtragung der Festungswerke an und für sich war eine grosse, aber einfache Arbeit und stand in keinem Vergleiche zu den vielseitigen Erwägungen und Auseinandersetzungen, welche durch die neuen Anlagen und Constructionen beansprucht wurden, deren Herstellung uns theils von Anfang an zugewiesen war, theils später übertragen wurde. In letzterer Beziehung gedenke ich der durchgreifenden Umgestaltungen am Dünaufer, der Eröffnung neuer und Erweiterung alter Strassenzüge, so wie der Anwendung des bis dahin in Riga unversuchten Systems unterirdischer Abzugscanäle. Dass Unternehmungen, wodurch so vielerlei Verhältnisse und Interessen berührt wurden, nicht ohne Reibungen abgehen konnten, war ebenso natürlich, als dass die technische Section, von der alle Projecte ausgingen, die meisten Angriffe und Kämpfe zu bestehen hatte. Ich kann bei dieser Gelegenheit nicht umhin, mit grösster Dankbarkeit der ermuthigenden Vertretung und Förderung zu gedenken, deren sich die Commission zu aller Zeit von Seiten der General-Gouverneure Fürst Suworow und Baron Lieven zu erfreuen hatte, und ohne welche diese bedeutendste communale Unternehmung, trotz aller Widrigkeiten, sicherlich nicht in so kurzer Zeit und mit so guten Erfolgen hätte zu Ende geführt werden können. Zu den guten Erfolgen zähle ich insbesondere, dass es uns durch ein unablässiges Bedachtnehmen auf Ersparnisse und durch ein rechtzeitiges Heranziehen billiger und geübter Arbeitskräfte und Bauunternehmer ermöglicht wurde, die ursprünglich auf anderthalb Millionen Rubel calculirten Ausgaben auf wenig mehr als die Hälfte dieser Summe zu ermässigen.

Im Ganzen beliefen sich die Verausgabungen der Commission auf R. 834 796, 43 K., darunter für extraordinäre ursprünglich nicht beabsichtigte Arbeiten R. 43 011, 4 K. und für den Ankauf von Grundstücken zu den Strassenerweiterungen R. 34 889, 23 K. — Die pecuniären Erfordernisse waren durch Anleihen zu decken. Der Fürst erwählte ein Darlehn aus den Collegien allgemeiner Fürsorge im Betrage von 600 m. Rubel zu 4 procent Zinsen und 1½ procent jährlicher Tilgung; und wurde sodann vom Stadt-Cassa-Collegium eine 5procentige Anleihe von 250 m. Rubel aufgenommen, wovon jedoch die Wallabtragungs-Commission nur R. 221 592, 29 K. disponirte, indem sie den Rest ihrer Bedürfnisse aus dem Erlös für alte Materialien und Geräthschaften bestritt.

Ueberblicken wir summarisch die von der Commission ausgeführten Arbeiten, so waren es folgende:

Erdbewegungen . . .	81 691,—	Cubicfaden
Abbruch alten Mauerwerks	2 705,—	„ „
Ausbaggerungen i. Stadtcanal	2 249,—	„ „
Hölzerne Bollwerke . .	1 520,—	Längenfaden
Steinerne Bollwerke und Ufermauern	136,—	„ „
Unterirdische Entwässerungsanlagen . . .	865,—	„ „
Einebnung von Terrain	26 090,—	Quadratfaden
Neues Strassenpflaster . .	27 364,—	„ „
Umpflasterung alter Strassen	9 364,—	„ „
Chausséen	1 656,—	„ „
Trottoire	2 003,—	„ „
Promenaden mit Baumpflanzungen	5 965,—	„ „
Gartenanlagen	17 135,—	„ „

Dazu kommen noch die eigentlichen Bauwerke, alle Brücken, Schleusen, Hochwasserverschlüsse, Wächterhäuser und Einfriedigungen.

Im directen Interesse des Handels wurde ein ausreichendes Terrain für Speicherbauten reservirt, der grosse Flachsmarkt angelegt, das Dünaufer erweitert, mit den erforderlichen Stapelplätzen versehen und zur Aufnahme eines Schienstranges auf das erforderliche und entsprechende Niveau erhöht.

Neben der Erweiterung aller alten Strassenausmündungen erhielt die innere Stadt neue Ausfahrten: zum Dünaufer bei der katholischen Kirche, bei der Marstallstrasse und bei der Poststrasse; zur Vorstadt: bei der Sandstrasse, der Theaterstrasse, der Weberstrasse und der Carlstrasse. Zur Herstellung einer direkten Verbindung der vorstädtischen Neustrasse mit der neuen Marienbrücke vollführte die Commission, nach Ankauf einiger Grundstücke, einen Durchbruch der zwischen der Mühlenstrasse und der Elisabethstrasse liegenden Häuserreihe.

Von der grössten Wohlthat für die Stadt in sanitärer Beziehung waren die unterirdischen Abzugscanäle und insbesondere die Zuschüttung des alten Risingsgrabens, aus dessen mephitischem Bereiche die Cholera sich zu wiederholten Malen über die Stadt verbreitet hatte. An Stelle dieses Grabens wurde, nach einem Projecte Weir's, eine 450 Faden lange, manneshohe, unterirdische gemauerte Gallerie hergestellt, welche die Wasserflüsse aus den angrenzenden Stadttheilen aufnimmt und dem Strome zuführt.

Auf dem gewonnenen neuen Terrain wurden von der Stadtverwaltung unentgeltlich Bauplätze angewiesen: für die Gasanstalt, das Theatergebäude, das Polytechnicum, das Realgymnasium, zwei russische Gymnasien, den Bahnhof, die grosse Wage; auch ein grosses Areal zur Erweiterung des Wöhrmann'schen Parks.

Den von uns entworfenen Bedingungen gemäss begann die öffentliche Versteigerung von Bauplätzen für private Wohnungshäuser im December 1859, und von Bauplätzen für Speicher im folgenden Jahre. Erstere erzielten nach Lage und Beschaffenheit 25 bis 52 Rubel, letztere 20 bis 23 Rubel für den Quadratfaden, neben der Verpflichtung des Käufers jährlich einen Grundzins von 50 Kopeken pr. Quadratfaden an die Stadtcassa zu entrichten. Diese Ergebnisse liessen nicht bezweifeln, dass die Stadt aus den Erträgnissen der Bauplätze ein ausreichendes financielles Aequivalent für die Capitalauslage bei der Wallabtragung beziehen würde.

Nachdem unsere Commission alle ihr zugewiesenen Arbeiten beendigt und dem Stadt-Cassa-Collegium am 21. November 1863 übergeben, auch ihre Interna geordnet hatte, wandte sie sich an den Rath mit der Bitte um Auflösung. Dieselbe erfolgte mittelst Vorschrift des General-Gouverneurs B a r o n L i e v e n vom 7. Januar 1864, wobei er »der Commission, »in gebührender Anerkennung ihrer umsichtigen Mühwaltung »im Interesse des öffentlichen Wohls, seine volle Befriedigung »und seinen Dank aussprach«.

Der vom Rathsherrn Böthführ verfasste ausführliche Bericht über die Thätigkeit der Commission, nebst Rechenschaft, wurde, unter Anfügung zweier Plane: Riga vor und nach Abtragung der Festungswerke, durch den Druck veröffentlicht.

VI.

Mit der Abtragung der Festungswerke und der Anlage der Eisenbahn vollzog sich ein in den letzten Jahren allmälig angebahnter Umschwung in den bis dahin vorwiegend auf die Erhaltung alles Alten gerichteten Neigungen der maassgebenden örtlichen Verwaltungskreise. Für diese conservative Sinnesweise suchte und fand man eine Erklärung, vielleicht eine Rechtfertigung, in der wiederholt gemachten Erfahrung, dass Vorschläge der Stadtverwaltung zur zeitgemässen Abänderung alter oder zur Einführung neuer Ordnungen im Gemeinwesen, von den Centralstellen entweder gar nicht berücksichtigt oder in einer nichts weniger als befriedigenden Weise umgemodelt wurden. Jetzt verstummten aber solche Bedenklichkeiten. Die vom Throne ausgehenden Manifestationen erweckten die freundlichsten Vorahnungen für das politische und individuelle Leben aller dem russischen Scepter unterworfenen Völker. In den Ostseeprovinzen zumal war die Stimmung eine gehobene. Hier hatte die humane, allen berechtigten Verhältnissen und Eigenthümlichkeiten wohlwollend Rechnung tragende Verwaltung des Fürsten Suworow ein Gefühl der Zufriedenheit und des Vertrauens hervorgerufen, das dieser Epoche die Signatur eines allgemeinen Behagens und eines heiteren Ausblicks in die Zukunft aufdrückte.*)

Die Constellation war für gemeinnützige Fortschrittsbestrebungen die günstigste, die man finden konnte, und es empfahl sich, dieselbe wahrzunehmen, einerseits um wünschenswerthe

*) Als Beweise dafür dürften auch die vielen derzeitigen Vereinsbildungen gelten, z. B. der technische Verein, der Schützenverein, der Thierschutzverein, der Liederkranz, der Männer-Gesangverein, der Verein für deutsche Prosa und Dichtkunst u. a. m.; insbesondere aber das im Sommer 1861 in Riga grossartig gefeierte baltische Sängerfest.

administrative Reformen und Organisationen zu verwirklichen, andererseits um diejenigen äusseren Veranstaltungen zu treffen, deren Riga noch bedurfte, um sich jeder grösseren modernen Stadt des Auslandes ebenbürtig an die Seite stellen zu können. Ueber alles, was in der einen oder andern Richtung während dieser angeregten Periode geleistet wurde, bleibt es einem künftigen Chronisten vorbehalten, eingehend zu berichten; ich muss mich auf diejenigen Gegenstände beschränken, bei denen mir eine persönliche und directe Mitwirkung vergönnt war.

Was die äussern Wohleinrichtungen betrifft, so erwähnte ich bereits die von der Wallabtragungs-Commission vollführten Arbeiten im Interesse des öffentlichen Verkehrs, des Handels, der Schiffahrt, der Verschönerung und Salubrität der Stadt. Hieran schlossen sich zwei Schöpfungen von unverkennbarem Werthe für die Einwohnerschaft: die Wasserleitung und die Gasbeleuchtung.

Die Entfestigung der Stadt erleichterte die Herstellung dieser beiden Werke in einem grösseren, nicht nur die innere Stadt, sondern auch die angrenzenden Vorstädte umfassenden Maassstabe. Frühere Pläne waren hauptsächlich an den Schwierigkeiten gescheitert, die den erforderlichen Röhrenleitungen durch die Fortificationen entgegengestellt wurden. Da dieses Hinderniss jetzt beseitigt war, konnte der Rath die Projecte mit aller Entschiedenheit aufnehmen und auf die Tagesordnung setzen. Sie hatten jedoch noch manches hemmende Stadium zu passiren. Zunächst offenbarte sich bei den Ständen eine Meinungsverschiedenheit darüber, ob die Werke von Actiengesellschaften oder in eigener Regie der Commune errichtet und betrieben werden sollten. Die Gilden sprachen sich für die erstere, der Rath für die letztere Ansicht aus, die ich meinerseits ebenfalls bei jeder Gelegenheit zu befürworten bemüht war. Sie gewann auch die Oberhand bei dem auf Anordnung des Raths verfassungsmässig einberufenen ständischen Schiedsgerichte und die Erfahrung hat gelehrt, wie sehr die Stadt und ihre Bewohner Ursache bekamen, sich zu dieser Entscheidung Glück zu wünschen. Es ergab sich nämlich, dass dadurch das Leuchtgas um 20 bis 25 procent, das Wasser um circa 30 procent billiger abgelassen werden konnte, als wenn man die Herstellung und Exploitation der Werke an Actiengesellschaften vergeben hätte. Daneben waren für immer die Weiterungen und Differenzen vermieden, welche solchen Contrahenten gegenüber bekanntlich niemals ausbleiben.

Mit dem Beschlusse des ständischen Schiedsgerichts erklärte sich Fürst Suworow vollkommen einverstanden, konnte aber, seiner eifrigen Fürsprache ungeachtet, die staatliche Genehmigung zur Errichtung der Anlagen für Rechnung der Stadtgemeinde, nicht erlangen. Es blieb nur der Ausweg, das Project als ein Privatunternehmen der drei Stände hinzustellen und durchzuführen, ein Behelf, wobei diesen zwar das ganze Risico zufiel, immer aber dem Publicum alle Vortheile einer uneigennützigen Verwaltung gesichert wurden. Auf dieser Grundlage und nach mühsamer Ueberwindung aller sonstigen Bedenken Seitens der drei Ministerien, die über diese Angelegenheit zu entscheiden hatten (das Ministerium des Innern, die Oberverwaltung der öffentlichen Bauten und das Finanzministerium) brachte endlich das Jahr 1861 die definitive Erlaubniss zur Ausführung der Bauten und zur Contrahirung der dafür benöthigten Anleihe.

Mit möglichster Beschleunigung wurde hierauf eine aus Erwählten der drei Stände bestehende Commission eingesetzt, beauftragt und ermächtigt: die beiden Werke in einer den örtlichen Bedürfnissen entsprechenden Weise herzustellen und in Betrieb zu setzen, zugleich auch die dafür allendlich auf 650 000 Rubel fixirte Bausumme unter ständischer Bürgschaft zu beschaffen und die Verzinsung und allmälige Tilgung der Anleihe aus der Rentabilität der combinirten Unternehmung sicherzustellen. — Als erster Vertreter des Raths übernahm Rathsherr Böthführ das Präsidium der Commission und verwaltete das schwierige Amt mit der grössten Gewissenhaftigkeit und mit einer Umsicht, die durch ein gründliches Specialstudium der anderweitig bei solchen Anlagen gemachten Erfahrungen unterstützt wurde. Die beiden andern Rathsglieder waren Reinhold Pychlau und ich. Die Erfahrungen Pychlaus in constructiven und technischen Fragen kamen ebenfalls den

Anlagen wesentlich zu gut, besonders bei der Gasanstalt. Auf meinen Antheil fielen hauptsächlich die Wahrnehmungen zur Beschaffung der Geldmittel, die Pläne und Dispositionen zur Verzinsung und Amortisation der Anleihe, die Calculationen der zur Rentabilität der Unternehmung erforderlichen Intraden an Abgaben und Zahlungen für den Gas- oder Wasserconsum von Seiten der Stadt und der Privaten, die Vorschläge für den Modus der Einhebung, der Buchführung u. s. w. Selbstverständlich bethätigte ich mich auch bei allen andern Geschäften und Erwägungen der Commission, die sich bei ihren mannigfachen Arbeiten nicht minder einer schätzenswerthen und unverdrossenen Mitwirkung der Delegirten der beiden Gilden zu erfreuen hatte. Ich gedenke dabei insbesondere der patriotischen Bereitwilligkeit des Aeltesten, späteren Rathsherrn Carl Bergengrün. Dieser allseitige Eifer hatte, nächst den hervorragenden Verdiensten unsers Präses, schliesslich das genugthuende Resultat, dass diese beiden ständischen Etablissements, den derzeitigen localen Bedingungen und Zwecken vollkommen entsprechend, in kürzester Zeit und dennoch in grösster Solidität fertiggestellt wurden. Dabei constatirte die allgemeine Anerkennung und das übereinstimmende Urtheil der Fachmänner, dass der Kostenpunkt, besonders im Hinblick auf die grosse Ausdehnung der Röhrenleitungen, als ein ausserordentlich niedriger bezeichnet werden musste.

Die Bau- und Anlagepläne waren entworfen: für die Gasanstalt von dem Ingenieur Kühnele aus Berlin, für das Wasserwerk von dem Ingenieur der Wallabtragungs-Commission Weir. Zur Gasanstalt wurde der Grundstein am 12. Juli 1861, zum Wasserwerk am 24. Mai 1862 gelegt. Die Betriebseröffnungen erfolgten bezw. am 1. August 1862 und am 16. Mai 1863. Die Zahl der Consumenten, welche in der einen oder andern Beziehung Zuleitungen verlangten, mehrte sich hierauf fortwährend, und als ich, wegen anderweitiger Berufung, im Juli 1867 aus der Verwaltung schied, war die productive Natur der für die Gas- und Wasserwerke aufgenommenen Anleihe längst genugsam erwiesen. Seit Eröffnung der Betriebe hatte sich, in jährlichen Millionen Cubicfuss berechnet, die Gasfabrication von

19,6 auf circa 39, die Wasserspendung von 19,4 auf circa 40 gehoben.

Das gesammte 650000 betragende Anlagecapital war durch Obligationen aufgebracht, welche ihren Inhabern 5 procent Zinsen, ausserdem ein Drittel des Unternehmungsgewinnes zusichern und successive durch Ausloosung zu tilgen sind. Fast alle diese Verschreibungen wurden von städtischen Cassen und Stiftungen übernommen, indem sie dieselben gegen Inscriptionen, Bankbillets und andere an der Börse entsprechend realisirbare Titres eintauschten. — Bei dieser Gelegenheit darf ich vielleicht noch erwähnen, dass ich bei den mir übertragenen Administrationen mehrerer städtischen Cassen und Institute immer nach Thunlichkeit bestrebt war, deren Fonds in locale, vorzugsweise hypothekarisch und metallisch fundirte Werthpapiere anzulegen oder umzusetzen.

VII.

Waren die Gas- und Wasserwerke eine gemeinsame Schöpfung der drei Stände, so verblieb doch dem Rathe allein ein anderes dankbares Feld, worauf er bei dem belebenden Hauche dieser Zeit wirkungsvoll vorgehen konnte. Dieses Vorgehen war im Wesentlichen ein reformatorisches, und ich bringe im Nachfolgenden einige Mittheilungen über diese Thätigkeit der obersten Stadtbehörde während der letzten Verwaltungsjahre des Fürsten Suworow. Es sei vorausgeschickt, dass bei Motionen in dieser Richtung fast immer Commissionen eingesetzt und instruirt wurden, den Gegenstand in ernstliche Vorberathung zu nehmen, um hierauf dem Plenum des Raths ihre Berichte, eventuell genau formulirte Vorschläge zu unterbreiten.

Zu den vielen gemeinnützigen Werken und Anregungen, die wir unserer ehrenwerthen literarisch-praktischen Bürgerverbindung zu danken haben, gehörte auch die von ihr im Jahr 1824 gegründete Sparcassa. Die Verwaltung derselben ging, nach getroffener Vereinbarung, auf die Stände über, unter deren Garantie sie im Jahre 1832 neu organisirt wurde. Sie schien indessen ihren guten Zweck nicht in dem gebührenden

Umfange zu erfüllen, wesswegen der Rath nunmehr den Beschluss fasste, die Statuten einer Umgestaltung zu unterziehen, die den weitergehenden Bedürfnissen der Gegenwart entsprechen sollte. Das Commissum wurde dem verdienstvollen Inspector der Sparcassa, Rathsherrn Berg und mir ertheilt, und wir vereinigten uns ohne Schwierigkeit über die Principien für ein neues Verwaltungsregultativ. Unsere Vorschläge fanden zunächst im Herbst 1858, dann hinsichtlich einiger Details im folgenden Jahre, die Zustimmung des Raths, der hierauf die definitiven, mit dem Jahr 1861 in Kraft tretenden und noch geltenden Statuten bestätigte. Da ich von dieser Zeit ab Seitens des Raths zu den statutenmässigen Revisionen abgeordnet wurde, so hatte ich die beste Gelegenheit, mich von der löblichen Entwickelung dieser sorgsam administrirten Anstalt zu überzeugen. Die Jahresbilanz der Einlagen, die sich früher nur mit etwa 100 mille Rubel bezifferte, hatte sich schon im zweiten Jahre nach Einführung der revidirten Statuten auf eine Million gehoben.

Die anscheinend hohen Preise, bei verhältnismässig schlechter Beschaffenheit des Brodes in Riga, bewogen den Rath zur Anordnung einer Enquête über die örtlichen Bäckereiverhältnisse und über die bestehenden Regeln für die Feststellung der Brodtaxen. Neben den Rathsherren Böthführ und Beck, Mitglied der zu diesem Zwecke berufenen Commission, unterzog ich die betreffenden Verhältnisse an verschiedenen Orten des Auslandes, soweit die mir zugängliche Literatur einen Einblick darin gestattete, einem sorgfältigen Studium, knüpfte daran eine Beleuchtung der bei uns bestehenden Gepflogenheiten und gelangte darauf zu Vorschlägen über die richtigen Grundsätze, wonach Brodtaxen im Allgemeinen und insbesondere in Riga zu berechnen wären — sofern man nicht einer gänzlichen Aufhebung derselben Vorzug geben wollte; unter allen Umständen aber wäre die Bereitung und der Verkauf des groben Roggenbrodes Jedermann freizugeben. Meine Darlegungen wurden auf Anordnung der Commission durch den Druck veröffentlicht*)

*) Ueber die Brodtaxe in Riga und die Grundlagen einer Brodtaxe im Allgemeinen. Riga 1857. 113 S. 8°.

und gewannen den Beifall des Raths, der in Uebereinstimmung damit, eine neue Verordnung für die Anfertigung der Brodtaxen und den Brodverkauf in Riga erliess, welche am 10. Mai 1858 vom General-Gouverneur bestätigt wurde. Die günstigen Folgen dieser Maassregel blieben nicht aus. Sie äusserten sich in einer verbesserten Brodbereitung bei moderateren Preisen und Angesichts solcher Ergebnisse einer freieren Concurrenz verfügte der Rath im October 1862 die Aufhebung aller Brodtaxen.

Schon früher hatte der Rath im Einvernehmen mit den andern Ständen sich an den General-Gouverneur mit der Bitte gewandt, erwirken zu wollen, dass das auschliessliche Recht der Rigaschen Brauer-Compagnie zur Bereitung von Bier für den örtlichen Consum aufgehoben werden möge. Dieses uralte von der landesherrlichen Gewalt fortlaufend bestätigte Privileg hatte einen philanthropischen Ursprung, indem es die Ausübung des Brauereigewerbes gewissen verarmten Bürgern und Bürgerswittwen vorbehielt. Es wurde jedoch in neuerer Zeit vielfach umgangen und benachtheiligte das Publicum, da es der Entwickelung des Gewerbes, sowohl in quantitativer wie qualitativer Hinsicht, hemmend entgegentrat. Der Fürst vermittelte und unterstützte die Bitte des Raths beim Ministerium des Innern und das Monopol der Brauer-Compagnie verschwand auf Grund eines Allerhöchst bestätigten Reichsrathsgutachtens vom 11. November 1859.

Unmittelbar darauf installirte der Rath eine Commission, welche die Mittel und Wege auffinden sollte, um der empfindlichen Vertheuerung der Fleischpreise entgegenzuwirken. In dieser Commission äusserte ich mich zur Sache in einem Memorandum, worin ich die Aufhebung der Fleischtaxen und die Gestattung einer freien Zufuhr frischen Fleisches, unter geeigneter Controlle der Sanitätsbehörde, motivirte und empfahl. Nachdem die übrigen Commissarien und der Rath meinen Vorschlägen beigepflichtet hatten, wurden dieselben im Januar 1861 vom General-Gouverneur im Princip genehmigt und mittelst einer vom Rathe erlassenen neuen »Verordnung über den Fleischverkauf in Riga« in Vollzug gesetzt. In Anlass dessen errichtete die Stadtverwaltung die sog. Landscharren auf dem

Dünamarkte, deren Zahl bei progressiver Zufuhr schon in den nächsten Jahren vermehrt werden musste. — Ohne Erfolg blieben dagegen meine in dem erwähnten Memorandum enthaltenen, auf Einführung einer Fischereiordnung abzielenden Anträge, da dieselben ungeachtet der Befürwortungen des Raths und der Gouvernementsobrigkeit, von der Staatsregierung abgelehnt wurden.

Zwar von keiner principiellen Tragweite, aber doch vom Publicum mit ersichtlichem Beifalle aufgenommen, war die in Verbindung mit den neuen baulichen Dispositionen auf dem grossen Victualien-Marktplatze an der Düna, vom Rathe beschlossene Revision der alten aus dem Jahre 1787 datirenden Marktordnung. In erster Reihe kam es hier darauf an, die Complicationen zu beseitigen, welche daraus entsprangen, dass die Marktverhältnisse vier verschiedenen Jurisdictionen unterstellt waren, nämlich: dem Cassa-Collegium, dem Wettgericht, der Sanitätsbehörde und der Polizeiverwaltung. Demnächst schien es geboten, den unzukömmlichen Kram- und Trödelhandel von diesem Marktplatze zu entfernen. Ich hatte bereits an den Berathungen theilgenommen, welche der Anfertigung des technischen Projects für die zu errichtenden Verkaufshallen und Budenreihen vorangingen*) und wurde jetzt der Commission beigeordnet, welche die neue Marktordnung ausarbeiten sollte. Nachdem ein Einvernehmen über das angemessenste Nebeneinanderwirken der erwähnten Competenzen erzielt war, wurde die von uns unter Berücksichtigung aller zeitgemässen Anforderungen entworfene neue Verordnung vom Rathe angenommen und mit Bestätigung der Gouvernementsverwaltung im Herbst 1861 eingeführt.

Von bedeutsameren Consequenzen war das Vorgehen des Raths auf dem Gebiete der örtlichen Gewerbeverhältnisse. In Riga bestand noch ein gesetzlich begründeter, wenn auch in der Praxis vielfach durchlöcherter Zunftzwang, zu dessen Aufrechterhaltung und Regelung jedes Handwerk vom Rathe mit besondern von Zeit zu Zeit revidirten Schragen (Verord-

*) Eine verdienstvolle Arbeit des Stadt-Architekten Felsko.

nungen) versehen wurde. Im Jahr 1856 hatte der Rath, auf Vorstellung des Amtsgerichts, als der den Handwerkern vorgesetzten Behörde, einen gemeinschaftlichen Schragen für alle zünftigen Gewerke ausgehen lassen. Die fortschrittliche Strömung der Zeit und der öffentlichen Meinung gebot aber durchgreifendere Reformen und der Rath verfügte dem zu Folge die Einsetzung einer mit der Revision dieses Schragens zu betrauenden Commission. Sie bestand aus dem Bürgermeister Otto Müller als Präses und den Rathsherren Böthführ, Berkholtz, von Petersen, Hollander und mir. Schon aus unsrer ersten Deliberation ergab sich eine Hinneigung zu dem Wunsche eines allmäligen Ueberganges aus den Zunftfesseln zur Gewerbefreiheit, und man glaubte das geeignete Mittel dazu zu finden, indem man die scharf umgrenzten zünftigen Arbeitsgebiete in angemessener Weise erweiterte, dergestalt, dass bis dahin getrennte aber doch verwandte Gewerke, sich nach Umständen in mehr oder minderem Maasse auf einem und demselben rechtlich festgestellten Arbeitsgebiete zusammenfinden würden. Vielleicht, weil ich mich in diesem Sinne für ein zwar entschiedenes, aber doch jede Ueberstürzung vermeidendes Vorgehen aussprach, wurde mir die Redaction des Entwurfs zu einem neuen Schragen, zunächst für die Gewerkmeister, dann auch für die Gesellen, Gehülfen und Lehrlinge, anheimgegeben. Bei der Wichtigkeit des Gegenstandes und da die Meinungen über einzelne Punkte nicht immer sofort übereinstimmten, wurden indessen wiederholte und eingehende Verhandlungen nöthig, sowohl innerhalb der Commission als ausserhalb derselben mit gewerbkundigen Persönlichkeiten. Die Arbeit schritt darum etwas langsam fort; schliesslich aber wurde mein Entwurf mit einigen von der Commission beliebten zweckmässigen Emendationen angenommen und dem Rathe vorgestellt. In gerechter Würdigung der Tragweite dieser Angelegenheit liess der Wortführende Bürgermeister Schwartz zur Beschlussfassung eine extraordinäre Plenarsitzung des Collegiums anberaumen, worin ich den Entwurf vorzutragen und mit Unterstützung der übrigen Commissionsglieder zu vertreten hatte. Der Rath gab hierauf seine Beistimmung, hielt es aber, ungeachtet seiner Vollberechtigung zum Erlass von Handwerksschragen, in diesem besondern Falle doch für geeignet, die votirte Verordnung erst nach eingeholter Approbation des General-Gouverneurs zu veröffentlichen. Diese Approbation erfolgte zuvörderst für den principiell wichtigen Meisterschragen im Februar 1860 und etwas später für die Schragen der Gesellen und Lehrlinge, worauf die Publication zur allgemeinen Nachachtung stattfand. — Gegen die neuen Bestimmungen, welche auf eine Lockerung des Zunftzwanges abzielten, wurden von der Johannisgilde, als Repräsentantin des Gewerbstandes, Beschwerden erhoben, die bis an das Ministerium des Innern gingen. Sie blieben aber ohne Erfolg, und nach wenigen Jahren hatten sich unsere Handwerksmeister so sehr an die freiere Bewegung gewöhnt, dass sie, vielleicht mit einem gar zu raschen Sprunge, aber aus eigener spontaner Entschliessung, die gänzliche Beseitigung der Zunftfesseln und die Einführung der Gewerbefreiheit für wünschenswerth erklärten und beantragten. Mit einiger Reserve hinsichtlich derjenigen Gewerbe, deren Bedeutung für die öffentliche Ordnung und Sicherheit eine notorische war, stimmte der Rath den neuen Ansichten der Gilde bei und beschritt die weiteren Wege zur Legalisirung derselben. Die Abschaffung des Zunftzwanges in Riga wurde hierauf durch einen Allerhöchsten Ukas vom 20. Juli 1866 anbefohlen.

Als eine Maassregel von unanfechtbarer Zweckmässigkeit muss die Aufhebung des sog. Reserve-Kornmagazins bezeichnet werden*). Die Entbehrlichkeit dieser auf eine Be-

*) Das Reserve-Kornmagazin wurde im Jahr 1802 gegründet. Vermöge desselben hatte die Stadt von Seiten der Staatsregierung die Zusicherung erhalten, dass der Rigasche Kornhandel nicht mehr durch die im vorigen Jahrhundert häufig vorkommenden Ausfuhrverbote belästigt werden würde. Die Vorräthe des Magazins sollten aus 3520 Lasten (à 15 Tschetwort) Roggen bestehen, zu deren Anschaffung, Conservirung und Erneuerung von jeder verschifften Last Roggen 2, Gerste 1⅓ und Hafer ⅔ Silberrubel erhoben werden mussten. Später gestattete die Regierung eine Beschränkung des Naturalbestandes auf 1800 Lasten, jedoch unter der Bedingung, dass für den nöthig erscheinenden Ankauf eines gleichen Quantums stets disponible Fonds vorhanden seien. Obgleich bei Placirung dieser Fonds in der Kaiserlichen Reichsbank, als Folge des Coursfalles der Banco-Assignationen, circa 90 mille Silberrubel verloren

kämpfung etwaiger Hungersnoth berechneten Einrichtung war im Laufe der Zeit immer augenscheinlicher geworden; man erwähnte ihrer längst nur noch als abschreckendes Beispiel von den Quälereien und Beunruhigungen, denen eine öffentliche Verwaltung ausgesetzt sein kann. Bei den vorschriftsmässig auszuführenden Operationen und periodischer Erneuerungen des Roggenlagers konnten Einbussen nicht immer vermieden werden, und wiederholt hatten die von St. Petersburg entsendeten Revidenten für solche Verluste die bürgerlichen Glieder der Verwaltung solidarisch verantwortlich machen wollen — ein Ansinnen, dem freilich das Ministerium bis dahin kein Gehör geschenkt hatte. Nicht zu verwundern war es, dass sich zu Gunsten des Magazins von keiner Seite eine Stimme erhob. Nachdem der Rath die Beipflichtung seiner Mitstände eingeholt hatte, unterlegte er dem General-Gouverneur das Ansuchen um Herbeiführung der staatlichen Genehmigung zur Auflösung der antiquirten Institution und zu der unten angegebenen Verwendung der Activa derselben. Der Fürst erwirkte die volle Gewährung dieser Bitten, und das Reserve-Kornmagazin wurde durch einen Allerhöchst bestätigten Beschluss des Minister-Comités vom 22. Mai 1860 aufgehoben. Die materiellen Mittel des Magazins, bestehend in Werthpapieren, Getreidevorräthen, Lagerhäusern etc. berechneten sich derzeit auf ungefähr 230 mille Rubel. Daraus wurden zuvörderst die Ansprüche des

wurden, hatte das Capital doch im Jahr 1826 eine solche Höhe erreicht, dass fortan die erwähnten drückenden Exportsteuern wegfallen konnten. Im Jahr 1831 genehmigte die Regierung eine Reduction des effectiven Roggenvorraths auf 600 Lasten, wogegen die Verwaltung des Magazins gewisse Beisteuern zum Besten des örtlichen Armenwesens übernahm. Inzwischen lieferte die Erfahrung fortwährend und ganz besonders in dem Misswachsjahre 1845 den Beweis, dass es keinesweges eines so kostspieligen Apparats, wie dieses Reserve-Kornmagazins bedurfte, um in erforderlichen Fällen die nöthigen Brodstoffe für die Volksversorgung heranzuziehen. Der kaufmännische Unternehmungsgeist, in Verbindung mit den entwickelten Verkehrsmitteln, gewährte dafür eine viel zuverlässigere und jedenfalls ausreichende Bürgschaft. — Näheres über die Entstehung, die Wandlungen und das Ende dieses in Riga einst viel besprochenen Instituts brachte ein von mir verfasster Aufsatz der Baltischen Wochenschrift vom 22. December 1865.

Collegiums allgemeiner Fürsorge und des Armendirectoriums durch Capitalzahlungen abgefunden, hierauf zum Besten des Polytechnicums 100 mille, des Realgymnasiums 50 mille Rubel abgesetzt und der Rest dem Stadtcassa-Collegium zugewiesen.

Die Bedürfnisse der Handels-Schiffahrt wurden selbstverständlich vom Rathe niemals aus den Augen verloren. In Rücksichtnahme darauf erliess er, nach Berathung mit dem Börsen-Comité und dem Cassa-Collegium, verschiedene auf die Jahre 1861 und 1862 zurückzuführende Verordnungen, wie namentlich: 1. Verhaltungsregeln für die den Strom befahrenden Schiffer, 2. eine neue Instruction für die Flusspolizei, in Verbindung mit einer zeitgemässen Organisation dieses Ressorts, 3. ein neues Reglement für das Ballastlöschwesen, 4. eine Instruction für die Verpachtung der Ballastlöschungen. Alle diese Anordnungen wurden von der Geschäftswelt mit Beifall aufgenommen und es liess sich bald constatiren, dass sie zu den erstrebten Zielen führten, indem sie mehrere allmälig eingeschlichene Missbräuche ausrotteten und den Anforderungen der Gegenwart volles Genüge leisteten. In einem gewissen Zusammenhange mit diesen Erlassen stand die eingeführte Verbesserung und Vermehrung der Rettungsanstalt an beiden Ufern der Düna.

Zur Herstellung einer directen Verbindung der Eisenbahn mit der Schiffahrt war die Anlage eines Schienenstranges von dem Bahnhofe nach dem Hafen erforderlich. Nachdem die Wallabtragungs-Commission in solcher Voraussetzung bereits das Dünaufer auf das gebührende gleichmässige Niveau gebracht, später auch die Oberverwaltung der öffentlichen Bauten die Schienenleung gestattet hatte, wurde unter meiner Vermittelung zwischen der Stadtverwaltung und der Riga-Dünaburger Eisenbahndirection eine Convention abgeschlossen, worin die hiebei in Frage kommenden Interessen des Publicums und des Bahnverkehrs ihre Regelung erhielten.

VIII.

Die vorerwähnten grossen öffentlichen Bauunternehmungen hatten — abgesehen vom Hafenbau — den Mangel an wissenschaftlich gebildeten und befähigten Technikern schmerzlich empfinden lassen. Nicht nur die obern Leiter der Arbeiter, sondern auch deren Gehülfen mussten von auswärts berufen werden. Dasselbe galt für alle bedeutenderen industriellen Etablissements in Riga und in den Provinzen; die Landwirthschaft war genöthigt, die geistigen Mittel zu ihrer Förderung in ausländischen Fachschulen aufzusuchen; in dem Personal der grossen Handelshäuser liess sich ein erheblicher Succurs aus der Fremde nicht entbehren, und was die in jeder höheren geschäftlichen und administrativen Sphäre werthvollen nationalökonomischen und finanzwissenschaftlichen Kenntnisse betrifft, so war es damit vollends und durchweg schwach bestellt*).

Ich konnte nicht unterlassen, diese immer greller hervor-

*) Nicht selten hört man die Behauptung aussprechen, dass es für den kaufmännischen Beruf keiner theoretischen, sondern nur einer praktischen Vorbildung bedürfe. Dieser Ansicht kann jedoch nur eine relative Berechtigung werden, insofern sie sich auf die unteren Staffeln und Verrichtungen des Handels oder auf harmlosere Zeiten, als die unsrigen, bezieht. Der Geschäftsmann unserer Tage sieht sich einer Concurrenz und einer Complication von Verhältnissen gegenübergestellt, von denen sein Vorfahr keine Ahnung hatte, und zu deren Beherrschung ihm die Praxis allein keine Directive zu geben vermag. Mit der Schablone ist schwer weiter zu kommen in einer Zeit, wo die allerorten intensiv betriebene Gütererzeugung, in Verbindung mit einer fortwährenden Entwickelung und Ausdehnung der Transportmittel, dem Handel immer neue Bahnen, dem Unternehmungsgeiste und der Mitbewerbung immer neue Chancen darbietet, wo eine überschwengliche Bank-, Credit- und Effectenwirthschaft die Geld- und Waarenmärkte beeinflusst und eine wachsende Menge fiduciärer Werthzeichen, wahrscheinlich noch auf lange hinaus, ihre verhängnissvolle Rolle spielen wird. Der Hinweis auf diese Momente, an die sich noch viele andere anreihen liessen, dürfte genügen, um die dermalige Stellung eines activen Kaufmanns und Disponenten zu verdeutlichen. Wenn er, um sich vor Schaden zu hüten und seine Operationen fruchtbringend zu gestalten, nicht auf sein gutes Glück allein bauen will, so muss er befähigt sein, zutreffend zu beurtheilen, ob und inwieweit auch entfernt scheinende Umstände seine Combinationen begünstigen oder durchkreuzen können. Eine solche Befähigung setzt Kenntnisse voraus, die uns weder angeboren, noch durch die Routine verabreicht werden, die man sich aber in einer tüchtigen theoretischen Fachbildung aneignen kann. Ein Cursus in der Lehre vom Gelde, vom Papiergelde namentlich, hätte manchem Vermögensverfalle vorgebeugt. Ohne darum die Bedeutung der Praxis unterschätzen zu wollen, vertrete ich auch im commerciellen Betriebe den Satz: Ohne rechtes Wissen kein rechtes Können.

tretenden Missstände zum öfteren in befreundeten Kreisen zur Sprache zu bringen und darauf hinzuweisen, dass Riga, als Vorort der baltischen Provinzen, gewissermaassen die Ehrenpflicht habe, in einer Culturfrage von solcher Evidenz nicht hinter den Anforderungen der Zeit zurückzubleiben, sondern Alles aufbieten müsse, um die fehlende Lehranstalt ins Leben zu rufen.

Ohne Zweifel von ähnlichen Betrachtungen geleitet und vielleicht durch meine Auslassungen darin bestärkt, entwarf unser erfahrene Pädagoge Dr. phil. Carl Bornhaupt, im Jahr 1857, den Plan zur Errichtung einer technologischen und Handelsschule. Bei der Erklärung, dass er mit dieser Arbeit bezweckt habe, etwas aufzustellen, das seiner Meinung nach vorerst erreichbar sei, veranlasste er mich, mit einigen der Sache geneigten Mitbürgern — es waren der Superintendent Oberpastor Poelchau, Bürgermeister Otto Müller, die Rathsherren R. Pychlau und A. Kroeger und der Kaufmann E. Martenson —. zu einer Berathung über das Project und über die Mittel zu dessen Verwirklichung, zusammenzutreten. Den Gegenstand mit Wärme erfassend, verständigten wir uns über die Grundzüge der zunächst mit bescheidenen Ansprüchen zu erstrebenden Anstalt, sowie über die Modalitäten der Begründung und Erhaltung derselben und, übermittelten im December unsere Vorschläge den örtlichen Autoritäten und Corporationen mit der Bitte um deren moralische und materielle Unterstützung. In erster Reihe wurde dabei der Börsen-Comité ins Auge gefasst, indem es sich hier um die Gewinnung einer Lehranstalt handelte, die ganz besonders den Zweck haben sollte, dem Handel und dem Gewerbfleisse Rigas die benöthigten wissenschaftlich gebildeten Hülfskräfte zuzuführen. Neben diesen officiellen Schritten bemühten wir uns persönlich, in den weitesten Kreisen das Interesse für unser Project zu erwecken und notable Persönlichkeiten zur Förderung desselben anzuregen. Wohl hauptsächlich im Hinblick auf die dabei in Frage kommenden bedeutenden Geldmittel verhielt sich der Börsen-Comité anfangs ablehnend und sprach sich hinsichtlich der von uns geplanten Lehrziele dahin aus, dass er dieselben für zu niedrig gegriffen erachte. Ich wurde hierauf von meinen Mitproponenten beauftragt, ein Antwortschreiben zu entwerfen, worin wir den von uns vorgeschlagenen Lehrplan aus ökonomischen Gründen und als Ausgangspunkt vertraten, zugleich aber erklärten, dass wir einer sofort mit höheren Tendenzen angelegten Schule anstandslos den Vorzug geben müssten; wonebst wir der Angelegenheit nochmals bestens das Wort redeten und dieselbe der Würdigung des Börsen-Comités empfahlen.

In diesem Stadium gewann das Project einen ebenso einsichtsvollen als eifrigen Fürsprecher in dem Manufacturrath Adolf Thilo. Auf den Antrag dieses seines Mitgliedes, beschloss das Börsen-Comité, einen gewiegten Fachmann, den Vice-Director des Polytechnicums in Hannover Dr. Francke, zur näheren Besprechung des Gegenstandes, nach Riga einzuladen. Bei seinem Eintreffen wurde eine aus Delegirten des Börsen-Comités — Thilo, G. Brandt, H. v. Stein —, dem Urheber des Projects — Müller und mir — bestehende Commission gebildet, welche mit Dr. Francke conferiren und sodann dem Börsen-Comité gutachtlich berichten sollte. Die in mehr als einer Beziehung interessanten Verhandlungen dieser Commission führten zu einer gründlichen Ermittelung und zu einem vollen Einverständnisse über die hier in Betracht kommenden localen Zustände und Bedürfnisse. Alles wohl erwogen empfahl schliesslich Dr. Francke die Errichtung einer Centralschule für Handel und Gewerbe, mit Lehrzielen, die den polytechnischen Schulen Deutschlands ziemlich nahe kamen. Die Commission schloss sich dieser Ansicht an und begründete dieselbe in einer Vorstellung an den Börsen-Comité bei gleichzeitiger Uebersendung eines detaillirten Projects und Präliminars, wonach der Bau des Schulhauses nebst Einrichtung 140 m. und der jährliche Etat der Anstalt 20 m. Silberrubel erfordern würde.

Das Glück wollte, dass zu dieser Zeit ein Mann an der Spitze des Börsen-Comités stehen sollte, der feinsinnig und mit den Wissenschaften befreundet, die volle Bedeutung einer solchen Lehranstalt für das geistige und materielle Gedeihen Rigas und der baltischen Provinzen erkannte. Es war Herr James Maurice

Cumming, der jetzt thätig und zielbewusst in die Verhandlung eingriff und dessen Name mit der Errichtung unseres Polytechnicums unzertrennlich verbunden bleibt. Nachdem es ihm gelungen war, den patriotischen und hochconservativen Stadtältermann Lemcke für die Sache zu gewinnen, erwirkten diese beiden Ehrenmänner, durch Beschlüsse der von ihnen vertretenen Körperschaften, die principielle Gutheissung des Projects und die Votirung der grundlegenden Geldmittel für dasselbe. Die Börsenkaufmannschaft bewilligte eine jährliche Subvention von 5 m. Rubel, die Stände, unter Vorgang der grossen Gilde, eine solche von 3 m. Rubel und ausserdem ein Capital von 100 m. Rubel aus dem Fonds des Reserve-Kornmagazins. Diesen bedeutenden Darbringungen folgten, nach einem warmen Aufrufe des Börsen-Comités, Zusicherungen von Subventionen seitens der baltischen Ritterschaften und Städte, so dass, zuzüglich der allerdings etwas hoch zu bemessenden Schulgelder, der ökonomische Bestand des Instituts gewährleistet schien und nunmehr die staatliche Genehmigung zur Gründung desselben nachgesucht werden konnte. Das zu diesem Zwecke von unserer Commission im November 1859 entworfene Statut wurde aber sowohl von dem Minister der Finanzen, wie von dem Ober dirigirenden der Wegeverbindungen und öffentlichen Bauten, in einigen Punkten mit Einwendungen begegnet, zu deren Ausgleichung Staatsrath Stein sich nach Petersburg begeben musste. Seinen Bemühungen und insbesondere der kräftigen Intervention des Fürsten Suworow, verdankten wir, dass endlich alle Hindernisse beseitigt wurden und auf Grund eines Reichsrathsgutachtens brachte der Mai 1861 die Allerhöchste Bestätigung des Statuts der polytechnischen Schule in Riga.

Nach Bestimmung dieses Statuts wird der Verwaltungsrath der Schule aus je zwei Vertretern der vier baltischen Ritterschaften, der drei Stände und der Börsenkaufmannschaft Rigas, nebst dem Director, gebildet und besteht also aus siebenzehn Gliedern. Als Delegirte des Riga'schen Rathes erschienen: der vom Verwaltungsrathe zum Präses erwählte Bürgermeister Müller und ich. Die Schriftführung wurde in die bewährte Hand des Staatsraths von Stein gelegt. Nachdem das Collegium sich constituirt hatte, beschloss es, zwei Deputirte ins Ausland, namentlich nach Deutschland und der Schweiz zu senden, um in die Verhältnisse der dortigen polytechnischen Schulen genaue Einsicht zu nehmen, die nöthigen Verbindungen anzuknüpfen und die erforderlichen Lehrkräfte, insbesondere einen befähigten Director für unsere Anstalt zu engagiren. Auf einmüthigen Wunsch des Verwaltungsraths übernahmen Müller und Stein diese Mission, die von ihnen mit ebenso viel Eifer als Umsicht ausgeführt wurde und die günstigsten Resultate hatte. Nach den weiteren vorbereitenden Maassnahmen wurde das Polytechnicum am 2. October 1862 unter dem erfahrenen und vielseitig gebildeten Director Dr. E. Nauck, vorläufig in einem gemietheten Locale, eröffnet.

Der Anfang war ein bescheidener, doch steigerte sich die Frequenz der Schule allmälig, aber freilich nicht in demselben Maasse wie der Ausgabenetat. Die ökonomische Lage des Instituts gestaltete sich demzufolge bald so bedenklich, dass der Verwaltungsrath im Jahre 1865 sich genöthigt sah, von Neuem an den Patriotismus und die Opferwilligkeit der baltischen Stände zu appelliren. Es geschah vermittelst einer von Müller und Stein verfassten, die ganze Situation klarlegenden Denkschrift; und hatte den von uns in banger Erwartung herbeigewünschten Erfolg. Die Riga'sche Kaufmannschaft beeilte sich zuerst, ihre jährliche Subvention von 5 auf 10 m. Rubel zu erhöhen. Hierauf folgten die Ritterschaften von Livland und Kurland, ebenfalls ihre resp. Subventionen von 2 auf 4 m. Rubel verdoppelnd, und schliesslich bewilligte die Stadt Riga zu den früheren 3 m. annoch 7 m. Rubel jährlich. Diese hochherzigen Darbringungen baltischen Gemeinsinnes sicherten den Fortbestand unserer technischen Hochschule und ermöglichten eine den gesteigerten Anforderungen der Gegenwart einigermaassen entsprechende Verstärkung der Lehrkräfte und Lehrmittel.

Der Mann aber, der sich um die Begründung und Erhaltung der Schule so grosse Verdienste erworben hatte, sollte derselben leider zu früh entrissen werden. Am 13. Juli 1867 starb Bürgermeister Müller, wie überall, wo er in seinem gehaltvollen patriotischen Wirken auftrat, so auch hier die schmerzlichste Lücke hinterlassend. Ihm ein ehrendes Andenken zu errichten, wurde aus Beiträgen von Stadt und Land beim Polytechnicum ein Stipendium auf seinen Namen gestiftet.

An Müllers Stelle zum Präses des Verwaltungsraths erwählt, verblieb ich in diesem Amte bis zu meinem Austritt aus dem Riga'schen Rathe im September 1869. Während dieser Zeit wurde der im Jahre 1866 begonnene Bau des polytechnischen Schulhauses nach den Entwürfen und unter der Leitung unseres Professors Hilbig fortgesetzt und im Frühjahr 1869 vollendet. Die Herstellung des stylvollen und imposanten Gebäudes erforderte 180 m. Rubel, und wurden die zur Complettirung dieser Summe nöthigen Geldmittel durch ein Pfandbriefdarlehn des neuen Creditvereins der Hausbesitzer aufgebracht. Inzwischen war der Verwaltungsrath unablässig bemüht gewesen, die beiden im Programm vorgesehenen, aber noch fehlenden Fachschulen für die Landwirthschaft und für den Handel zu organisiren. Je mehr Schwierigkeiten hierbei zu überwinden waren, um so grösser war unsere Genugthuung, als diese beiden wichtigen Abtheilungen des Polytechnicums im Herbste 1868 vollständig gerüstet, ihre Lehrcurse eröffnen konnten. Etwa um dieselbe Zeit gelang es dem Verwaltungsrathe, nach einem längeren Meinungsaustausche mit der Lehrerconferenz, ein Reglement für den Pensionsfonds der Docenten am Polytechnicum festzustellen. Neben diesen als erfreulich zu registrirenden Fortschritten, gingen jedoch mancherlei Sorgen und Widerwärtigkeiten einher. Die Einkünfte der Anstalt an Subventionen und Schulgeldern ergaben nur knapp den zur Bestreitung des laufenden Etats erforderlichen Betrag, weswegen wir uns mit Bedauern genöthigt sahen, auf mehrere hocherwünschte, wenn nicht gar pressirende Anschaffungen für die wissenschaftlichen Sammlungen und Apparate zu verzichten. Ebenso wenig konnten Aufbesserungen in Gehalten und Remunerationen bewilligt werden, obgleich sie durch Zeitverhältnisse und zunehmende Theuerung sehr motivirt schienen. Dabei mehrten sich die Schwierigkeiten, Ersatzmänner für vacant gewordene Lehrstühle zu gewinnen; und endlich wurde der Verwaltungsrath gezwungen, öffentlich aufzutreten, um die ebenso unerwarteten, wie unberechtigten Angriffe zurückzuweisen, womit eine neuerdings in Riga in russischer Sprache erschienene Zeitung ihre Spalten füllte.

Als zweiter Delegirter des Raths fungirte in diesen Jahren mein hochgeschätzter Freund, der Rathsherr und später wortführende Bürgermeister Eduard Hollander, der auch mein Nachfolger im Präsidium des Verwaltungsraths wurde.

IX.

Den Erinnerungen an die Begründung und Anfänge unseres Polytechnicums, erlaube ich mir einige Notizen über gleichzeitiges Mitthun auf andern Gebieten folgen zu lassen. Ich beginne mit den commissarischen Berathungen, an denen ich in Aufforderung des Börsen-Comités Theil zu nehmen hatte.

Das Finanzministerium beabsichtigte im Jahr 1858 einige Veränderungen in der Organisation und Geschäftsführung der als Filiale der Reichsbank in den grösseren Handelsstädten etablirten Commerzbank-Comptoire, und veranlasste den Börsen-Comité hierauf bezügliche Vorschläge zu machen. Die Verhandlungen unserer zu diesem Zwecke berufenen Commission führten zur Aufstellung eines Projects zu einem neuen Reglement für das Rigasche Bankcomptoir, dem in allen wesentlichen Punkten eine volle Berücksichtigung von Seiten des Ministeriums eingeräumt wurde.

Das Ministerium hatte ferner die Nothwendigkeit einer Vereinfachung der allerdings überaus weitläufigen Proceduren bei den Schiffsklarungen und bei der Declaration und Verzollung der Ein- und Ausfuhrwaaren erkannt und demzufolge verschiedene wohlgemeinte Anordnungen getroffen, die sich aber in der Anwendung nichts weniger als zweckmässig erwiesen. Um endlich zu dem rechten Ziele zu kommen, wurden in den Jahren 1859 und 1863 die Beamten des Ministeriums, Baron Behr und v. Heimowsky nach Riga abgeordnet. Sie traten mit den Delegirten der Kaufmannschaft in Relation und die Berathungen, die wir mit ihnen pflogen, hatten das gute Ergebniss, dass das Departement des auswärtigen Handels verbesserte und mit Beifall aufgenommene Instructionen für den zollamtlichen Geschäftsgang erliess.

Im Herbst 1859 übernahm ich den Vorsitz in einer Commission zur Revision und Ergänzung der kaufmännischen Usancen und der sog. Convention. Es gelang mir bei dieser Gelegenheit, die im Jahr 1850 vergebens angestrebte Verschmelzung der bis dahin getrennt bestandenen Gebräuche für das brittische und das contissentale Geschäft herbeizuführen. Mein neuer Entwurf zu: »Usancen der Börse und Convention der über See handelnden Kaufmannschaft«, wurde nach erfolgter Genehmigung der Commission, sowohl vom Börsen-Comité als von der allgemeinen Versammlung der Kaufleute einhellig angenommen und mit dem Jahre 1860 in Kraft gesetzt.

Im folgenden Jahre tagte eine Commission, um das von Delegirten des Finanzministeriums abgefasste und veröffentlichte Project zu durchgreifenden Reformen in den bestehenden Handelssteuern, einer Prüfung zu unterziehen und neben einer kritischen Beleuchtung, eine gutachtliche Aeusserung über diese weitschichtige und schwierige Materie abzugeben. In dieser Commission bemühten wir uns, dem erhaltenen Auftrage, wenigstens mit Berücksichtigung der in Riga und den baltischen Provinzen obwaltenden Verhältnisse, möglichst gerecht zu werden und das Ergebniss unserer Berathungen war ein ausführliches Expose, dem das Börsen-Comité in Allem beistimmte. Dasselbe wurde der in St. Petersburg niedergesetzten Revisions-Commission zugesandt und von derselben zum Druck befördert, hatte aber anscheinend keine positiven Resultate.

Ein stehendes Thema, sowohl für Deliberationen im Departement des auswärtigen Handels, wie für Beschwerdeführungen unserer Kaufmannschaft, bildete der an den Landesgrenzen schwunghaft betriebene Schleichhandel. Neben den Vertrauensmännern des Börsen-Comités hatte ich dieserhalb wiederholte und eindringliche Conferenzen mit dem Abgesandten des Departements, Staatsrath von Lichtenstein. Er legte uns eine Reihe authentischer Daten vor, wonach man mit voller Zuverlässigkeit, den Werth der jährlichen Einschwärzungen auf zwanzig Millionen Rubel berechnen konnte; wahrscheinlich war er aber viel grösser. Eine Hauptrolle spielte dabei der Thee, und ergab sich übrigens das Irrthümliche in der oft ausgesprochenen Behauptung, dass die Contrebande bei niedrigen Zollsätzen von selbst aufhören würde. Es stellte sich nämlich thatsächlich heraus, dass auch gering besteuerte Artikel heimlich über die Grenze gebracht wurden. Das illegale und die ganze Grenzbevölkerung demoralisirende Geschäft wurde hauptsächlich von Hebräern betrieben, war mit semitischer Schlauheit organisirt und konnte sogar Assecuranzsippen aufweisen, welche gegen mässige Prämien das Risico etwaiger Confiscationen auf sich nahmen. In der That waren grössere Beschlagnahmen ein ziemlich seltenes Ereigniss, das dann allemal von jenseits der Grenze einen entrüsteten Aufschrei über die hermetische russische Grenzsperre ertönen liess. Die Mittel zur Bekämpfung des verbrecherischen Treibens waren freilich leichter anzugeben, als mit einem ausreichenden Effecte ins Werk zu setzen; und aus der weiteren akademischen Besprechung des unerquicklichen Gegenstandes gelangten wir zu der wenig tröstlichen Ansicht, dass eine befriedigende Unterdrückung des Grenzschmuggels ein unlösbares Problem bleiben durfte.

Unabhängig vom Börsen-Comité bestand in Riga ein Allerhöchst verordneter Handelsconseil, zu dessen ständigem Mitgliede ich ernannt war*). Dieser Conseil hatte nur selten eine Sitzung, aber anlässlich einer von höherer Instanz ergangenen Anfrage übernahm ich auf Wunsch des Präses, Civil-Gouverneur M. von Essen, die Ausarbeitung einer Denkschrift über die russische Schiffsrhederei, mit besonderer Rücksichtnahme auf

*) Die an einigen bedeutenderen Geschäftscentren installirten Handelsconseils waren eine Schöpfung des Finanzministers Grafen Cancrin. Sie wurden von dem Gouvernementschef präsidirt und hatten den Zweck, die Entwickelung des Handels zu fördern und dessen Interessen zu vertreten, erwiesen sich aber, ohne Zweifel wegen ihres bureaukratischen Anhauchs, so wenig leistungsfähig, dass sie später wieder aufgehoben wurden.

die ihrer Entwickelung entgegenstehenden Hemmnisse, sowie auf die Mittel zu deren Beseitigung.

Von einer zunächst practischeren Bedeutung für die örtliche Rhederei war die Errichtung der Rigaer Dampfschifffahrts-Gesellschaft, an der ich mich im Verein mit einigen Freunden bethätigte. Das Unternehmen wurde, übereinstimmend mit den Statuten, deren autoritative Bestätigung wir am 17. Juli 1858 erlangten, auf Actien begründet und bezweckte in erster Linie die Eröffnung einer regelmässigen Verbindung mit St. Petersburg und den auf dem Seewege dahin liegenden russischen Häfen; wurde aber allmälig erweitert, indem die Gesellschaft auch für Reisen nach ausländischen Häfen grössere Dampfschiffe erwarb und in Fahrt setzte. Ich verblieb beständig Mitglied der Direction und erfreute mich der gedeihlichen Entfaltung dieses gemeinnützigen und wirksamen Verkehrsmittels, unter der fördersamen Leitung unseres bevollmächtigten Directors Carl Deubner (gegenwärtig General-Consul des Deutschen Reiches). Auf seine Initiative, der ich mich getreulich anschloss, bewirkten wir, nach Anleitung besonderer Statuten, aber im engsten Verbande mit unserer Gesellschaft, im Jahr 1864 die Anlage eines Patentslips, und im Jahr 1865, das Etablissement einer Maschinenwerkstatt im Bolderaaschen Winterhafen.

Während der Vorbereitungen zur Gründung der Dampfschifffahrtsgesellschaft interessirte ich mich, zum Theil in Verbindung mit denselben Freunden, für die Beschaffung einer besseren Communication mit dem immer mehr aufblühenden Badeorte Dubbeln. Der Dampfer »Omnibus«, den ich für diesen Zweck im Jahr 1849 aus Schweden verschrieben hatte, genügte nicht mehr der steigenden Frequenz, und wir beschlossen demzufolge einen grossen Passagierdampfer in England construiren zu lassen. Das Schiff traf im Juni 1857 unter dem Namen »Undine« in Riga ein und vermittelte seitdem den Saisonverkehr mit den Seebadeorten zur höchsten Zufriedenheit des Publicums. Gerne gedenk ich bei dieser Gelegenheit der unermüdlichen und dankenswerthen Thätigkeit, welche Consul W. Ruetz in einer langen Reihe von Jahren für die Interessen Dubbelns an dens Tag legte.

Indem ich mir vorbehalte über meine Erlebnisse im Wettgerichte weiterhin einen zusammenhängenden Bericht zu erstatten, will ich nur noch mit einigen Worten unsere Journalistik berühren, und beschliesse dann meine Erinnerungen aus der Suworowschen Zeit mit einer Reminiscenz, die die allerfreundlichste geblieben wäre, wenn sie nicht einen so wehmüthigen Nachklang gefunden hätte.

Seit dem Regierungsantritte des Kaisers Alexander II. hatte die Presse eine freiere Bewegung erlangt und es wurden demzufolge schon in den nächsten Jahren mehrere neue Zeitschriften, sowohl in deutscher, wie lettischer und esthnischer Sprache, in den Ostseeprovinzen gegründet. Als ein hervorragendes Unternehmen dieser Art dürfte die »baltische Monatsschrift« zu registriren sein, eine Revue, die es sich zur Aufgabe stellte, die Entwickelung des politischen Lebens der Provinzen zu fördern, und diesem Programme, soweit die Verhältnisse gestatteten, bis zur Stunde treu geblieben ist. In Aufforderung meiner patriotischen Freunde, Rathsherr A. Faltin und Staatsrath Th. von Boetticher, betheiligte ich mich mittelst einer jährlichen Subvention bei der Gründung dieser seit 1859 in Riga erscheinenden Monatsschrift. Mit Vergnügen begrüsste ich ferner die bald darauf von dem Professor Dr. A. von Bulmerincq in Dorpat ins Dasein gerufene »baltische Wochenschrift«, die eine Förderung der materiellen Interessen der Provinzen bezweckte und somit eine Lücke in unserer periodischen Literatur auszufüllen bestimmt war. Den Wünschen der Redactionen nachkommend, lieferte ich sowohl für diese beiden Zeitschriften, wie für die Riga'sche Zeitung, mehrere Aufsätze volkswirthschaftlichen Inhalts. Sie bezogen sich hauptsächlich auf die wichtigen Tagesfragen der Eisenbahnlinien und des obligatorischen Papiergeldes, und besprachen ferner den Handel Rigas und einzelne Branchen desselben vom geschichtlich statistischen Standpunkte.

Das freudigste Ereigniss für die Stadt, für die Provinzen und für den Fürsten Suworow im Jahr 1860, war der Besuch S. K. H. des Grossfürsten Thronfolgers Nicolai Alexandrowitsch, dessen edle Erscheinung und leutselig gewinnendes

Wesen in allen Schichten der Bevölkerung einen wahren Sturm der Begeisterung erweckte. Ich stimmte um so lebhafter darin ein, als ich in den mehreren Unterhaltungen, womit ich von Seiner Kaiserlichen Hoheit beehrt wurde, Gelegenheit hatte, mich von seiner grossen Herzensgüte und Begabung zu überzeugen. Wer die festlichen Tage seiner Anwesenheit in Riga — vom 1. bis 5. August — mitgemacht hat, musste es wohl natürlich finden, dass der wenige Jahre später erfolgte Tod dieses geliebten Kaisersohnes, wie das ganze Reich, so insbesondere die Ostseeprovinzen, mit einer allgemeinen und tief erschütternden Trauer erfüllte.

X.

Mit dem Jahre 1861 ging die für Riga und die Ostseeprovinzen denkwürdige und segensreiche Epoche der Suworowschen Oberverwaltung zu Ende. Dem Rufe seines kaiserlichen Herrn folgend, begab sich der geliebte und populäre Fürst am 30. October nach St. Petersburg, wo ihm nach seiner Ankunft der Posten eines General-Gouverneurs für die damals politisch etwas aufgeregte Hauptstadt übertragen wurde. Gegenseitig von der wehmüthigen Ahnung erfüllt, dass er nicht mehr nach Riga zurückkehren würde, war ich der letzte, dem er auf unserm Bahnhofe, aus dem fortrollenden Coupé, die Hand zum Abschiede reichte. Ein Gefühl allgemeiner und tiefer Betrübniss durchzog die baltischen Lande bei der unerwarteten Kunde von seiner Abberufung. Ihm den Abschiedsgruss des dankbaren Riga zu überbringen, wurden als Depurtirte des Raths der Bürgermeister Gross und ich, als Deputirte des Börsen-Comités die Herren Cumming und von Jacobs nach Petersburg gesandt und von dem Fürsten mit einer uns unvergesslich bleibenden Herzlichkeit und Rührung empfangen.

Der Fürst schied ungern aus den Ostseeprovinzen, wo ihm von allen Seiten Verehrung und Anerkennung entgegen getragen wurden und wo er durch seine nahezu vierzehnjährige hochsinnige, gerechte und schöpferische Verwaltung, sich den schönsten Nachruhm gegründet hatte. Dass er aber auch in der Ferne den baltischen Verhältnissen fortdauernd eine warme Theilnahme bewahrte, dürfte Niemand besser als ich bezeugen können, der ich noch die Ehre und die Freude habe, mit ihm in Briefwechsel zu stehen*).

Als General-Gouverneur des Ostseegebiets folgte der allverehrte und wohlwollende General-Adjutant Baron Wilhelm von Lieven. Er unterstützte und förderte nicht nur nach Kräften die bereits begonnenen gemeinnützigen Unternehmungen, sondern hatte auch die Genugthuung, mehrere öffentliche Bauwerke ihrer glücklichen Vollendung entgegengeführt zu sehen, wie namentlich die Hafenbauten, die Abtragung der Festungswerke, die Gasanstalt, das Wasserwerk, das Stadttheater, die Augenheilanstalt u. s. w. Erster Curator des neu eröffneten Polytechnicums, erwies er sich als ein treuer und einsichtsvoller Freund dieses Instituts; und überhaupt haben die Provinzen alle Ursache, ihm ein freundliches und dankbares Andenken zu bewahren. Sein Rücktritt von der Oberverwaltung, der schon nach etwa drei Jahren erfolgte, wurde darum auch von den baltischen Ständen aufrichtig bedauert.

Im Juli 1862 wurden die Ostseeprovinzen durch den Allerhöchsten Besuch der beiden Kaiserlichen Majestäten beglückt. Die angestammte Loyalität und warme Anhänglichkeit Rigas für das erhabene Kaiserhaus offenbarten sich bei dieser Gelegenheit in einer so herzlichen und hingebungsvollen Weise, dass den allerhöchsten Herrschaften die Befriedigung anzusehen war. Die Glanzpunkte unter den vielen Ovationen, die dem illustren Paare dargebracht wurden, bildeten ein von der livländischen Ritterschaft arrangirtes Fest in Kokenhusen und ein von der Rigaschen Kaufmannschaft im Börsenhause veranstalteter

*) Eine vortreffliche aus authentischen Quellen geschöpfte Darstellung der Wirksamkeit des Fürsten als Oberverwaltenden der Ostseeprovinzen verdanken wir seinem vieljährigen Kanzleidirector, dem allseitig hochgeachteten Geheimrath von Tidebőhl. Die Abhandlung wurde unter dem Titel: Fürst Alexander Suworow, General-Gouverneur von Liv-, Esth- und Kurland 1848–1861, I. Abschnitt: Riga, II. Abschnitt: die Provinzen, als Manuscript gedruckt und an baltische Corporationen und dem Fürsten näher stehende Persönlichkeiten vertheilt.

glänzender Ball. Auf diesem beglückte mich I. M. die Kaiserin mit einer längeren huldreichen Unterredung. Täglich musste ich über den Verlauf dieser schönen und erhebenden Festzeit dem Fürsten Suworow auf sein Verlangen nach St. Petersburg ausführliche Berichte senden.

Die Freudentage der Anwesenheit des erlauchten Kaiserpaares und der dadurch hervorgerufene Enthusiasmus möchten sich vielleicht als der Höhepunkt einer optimistischen Anschauung der politischen Zukunft der Stadt, seitens ihrer deutschen Bevölkerung, bezeichnen lassen. Die Zeit war nicht mehr fern, welche organische Umgestaltungen unserer öffentlichen Zustände erheischen sollte — Umgestaltungen, deren Tragweite sich zwar nicht voraussehen liess, die aber immer in einem gewissen Grade die Erhaltung der germanisch-sittlichen Grundlagen unseres Culturlebens in Frage stellen und somit ernstere Stimmungen erwecken mussten.

Die Verfassung Rigas war eine ständische, deren Ursprung sich auf das dreizehnte oder vierzehnte Jahrhundert zurückführen lässt, die sich aber im Laufe der Zeiten den veränderten Anforderungen und Bedürfnissen anpassend, auf autonomen Wege entwickelt und ausgebildet hatte. Eine Codification der gegenwärtig geltenden Bestimmungen und ihrer gesetzlichen Grundlagen brachte das Allerhöchst bestätigte Provinzialrecht vom Jahre 1845. An den Rath, als Stadtobrigkeit und ersten Stand, schliessen sich als dessen Mitstände: die grosse Gilde (Kaufleute, Literaten, Künstler) und die Sanct Johannis- oder kleine Gilde (Handwerker), welche sich an den Berathungen und Beschlussfassungen über communale Angelegenheiten gleichberechtigt betheiligen. Bei Nichtübereinstimmung des Raths mit den Gilden tritt eine Schiedscommission ein, welche aus 18 Gliedern (6 aus jedem Stande) besteht und deren Beschluss als definitiv zur Ausführung kommt. Der Rath hat 20 Glieder, zur Hälfte Juristen und Kaufleute, und an seiner Spitze vier Bürgermeister. An der Spitze der Gilden stehen die von ihnen ernannten Aeltermänner und Aeltesten. In den Gerichtsbehörden, welche dem Rathe als Justizpalate und Appellationsinstanz unterstellt sind, fungiren Rathsglieder; in den Verwaltungsbehörden (Cassa-Collegium, Steuerverwaltung, Armendirectorium, Quartierverwaltung u. s. w.), haben neben den präsidirenden Rathsgliedern, die von den Gilden delegirten Aeltermänner, Aeltesten und Bürger Sitz und Stimme.

Wiewohl das Princip ständischer Vertretungen in unseren Tagen nicht mehr am Platze ist, so muss doch anerkannt werden, dass Riga mit Hülfe seiner angestammten Verfassung sich den Ruf eines ehrenhaften und wohlgeordneten, mit Umsicht und Sparsamkeit verwalteten Gemeinwesens zu sichern wusste*). Bei alledem liess der alte Organismus den Anschauungen und Aspirationen der Jetztzeit gegenüber manches zu wünschen übrig. Nicht nur die öffentliche Meinung, sondern vielleicht mehr noch die leitenden Kreise selbst, erkannten daher längst die unumgängliche Nothwendigkeit einer Reform und als deren Postulate: die Trennung der Justiz von der Verwaltung und eine allgemeine, nicht nach Berufsclassen beschränkte Theilnahme der Stadtbewohner an der Verwaltung der öffentlichen Angelegenheiten. Von actueller Dringlichkeit war daneben eine Reorganisation der Stadtbehörden zum Zwecke einer Verstärkung ihrer Arbeitskräfte. Man wird es erklärlich finden, dass dieselben kaum im Stande waren, die Last der ihnen zuflutenden Geschäfte zu bewältigen, wenn man bedenkt, dass die Zahl der Rathsglieder seit hundert Jahren nicht vermehrt worden war, während inzwischen die Bevölkerung der Stadt sich vervierfacht und in viel höherem Maasse noch eine aufsteigende Entwickelung des geistigen und Verkehrslebens sich vollzogen hatte.

*) Für die gesammte Justiz und Verwaltung der Stadt (100 m. Einwohner, und ihres Patrimonialgebiets waren die Ausgaben im Jahr 1867 wie folgt: der Rath und dessen Unterbehörden einschliesslich Landpolizei R. 84821 66 K.; Stadt-Consistorium R. 1050; Stadt-Cassa-Collegium, Finanz-, Oekonomie- und Stadtgüterverwaltung R. 24839 68 K.; Stadtpolizei und Stadt-Commando R. 57562 15 K.; Feuerlöschwesen 12 u. 28 66 K.; Medizinalpolizei R. 2657 51 K.; Strafrechtspflege und Gefängnisse R. 6314; Statitisches Comité R. 2150; Beamte des Handels und der Schiffahrt R. 7026 61 K.; Erhebung der Chausseesteuern R. 4491 88 K.; Pensionen R. 15735 90 K.; in Summa Rubel 218678 5 Kop.

Als darum im Jahre 1861 auf Anregungen, an denen ich mich betheiligt hatte, von der grossen Gilde eine auf Trennung der Justiz von der Verwaltung abzielende Motion ausging, ergriff der Rath mit Freuden die Gelegenheit zur Aufstellung eines bezüglichen Projects, das zu Anfang 1862 einer aus fünfzehn Gliedern bestehenden ständischen Commission zur Prüfung übergeben wurde. Diese hatte jedoch ihre Arbeiten noch nicht zum Abschluss gebracht, als von Allerhöchster Stelle das grosse Project zur Umgestaltung des Justizwesens im ganzen russischen Reiche veröffentlicht wurde, und die weitere Verhandlung über diese wichtige Frage in andere Bahnen lenkte. Um so nachdrücklicher verblieb der Commission die Mahnung, sich mit einer von der Rechtspflege unabhängigen Reorganisation der Stadtverfassung zu beschäftigen. Nachdem sie zu dem Ende die Grundzüge und leitenden Principien vereinbart hatte und diese vom Rathe und von den Gilden gutgeheissen waren, schritt sie zu der Ausarbeitung eines vollständigen Verfassungsentwurfs, zu dessen Prüfung und allendlicher Feststellung die Stände eine aus 30 Gliedern gebildete Commission erkoren und bevollmächtigten. Ueber alle diese Verhandlungen im Rathe, in den Aeltestenbänken und Bürgerversammlungen ging natürlich eine längere Zeit hin; aber als Mitglied beider Commissionen, sowie ihrer vorberathenden und Redactionsausschüsse kann ich Zeugniss dafür ablegen, dass das von Anfang an grosse und legitime Interesse für die Angelegenheit sich fortdauernd warm und rege erhielt und den Beweis lieferte, nicht nur für ein einträchtiges Zusammengehen der drei Stände, sondern auch für das allseitige und selbstlose Bestreben der neuen Stadtverfassung ein vollkommen zeitgemässes und freisinniges Gepräge zu geben. Einmüthig wie alle principiellen Beschlüsse wurde die ständische Vertretung aufgegeben und dagegen eine einheitliche Bürgerschaft statuirt. Der Zutritt zu derselben sollte allen wohlbeleumdeten Stadtbewohnern offen stehen, deren Immobiliarbesitz sich auf mindestens 3000 Rubel, oder deren Jahreseinkommen sich auf mindestens 500 Rubel bezifferte. Als Mandatare dieser Bürgerschaft sollte ein von ihr erwähltes, aus 72 Männern bestehendes Collegium functioniren, wofür man die historisch gewordenen Benennungen: Aelteste- und Aeltestenbank beibehielt, wie auch für den von ihnen zu erwählenden Stadtmagistrat die alte Benennung: Rath. Ueberhaupt glaubte man zwar allen gerechten Anforderungen der Neuzeit ein volles Genüge leisten zu müssen, suchte aber, sofern es ohne Präjudiz für dieses höhere Ziel thunlich schien, eine gewisse Continuität zwischen der alten und der neuen Verfassung zu erhalten; liess sich doch daraus für die letztere nicht nur eine kräftiger pulsirende Lebensfähigkeit erhoffen, sondern auch ein Mithinübernehmen des seit Alters bewährten Gemeinsinnes Rigaschen Bürgerthums.

Der von der Commission in fünf Capiteln und etwa 200 Paragraphen zusammengesetzte Entwurf zu einer neuen Stadtverfassung veranlasste indessen den General-Gouverneur Grafen Schuwallow zu verschiedenen Bemerkungen und Gegenvorschlägen, zu deren Erörterung weitere Berathungen der Commission nöthig wurden. Sie führten nach reiflichen Erwägungen zu dem Beschlusse, einige Paragraphen des Entwurfs zu modifiziren, weitergehende Abänderungen aber unter ausgiebiger Darlegung der Beweggründe abzulehnen. Im Jahre 1865 endlich konnte die Commission die ihr zugewiesene verantwortungsvolle Aufgabe als erfüllt betrachten und veröffentlichte ihr Schlussvotum unter dem Titel: »Revidirter Entwurf zur Reorganisation der Communalverfassung Rigas, nebst transitorischen Bestimmungen und Erläuterungen.« (140 S. 8°.) Die Männer, welche sich bei dieser umfänglichen und gediegenen Arbeit die grössten Verdienste erwarben, waren Bürgermeister Müller und Rathsherr Leo von Napiersky.

Was die Jurisdiction des Rigaschen Raths anbelangt, so erstreckt sich dieselbe auf das Weichbild der Stadt und ihrer Vorstädte, auf das Patrimonialgebiet und auf den Dünastrom bis zu seiner Mündung. Als Untergerichte, die jedoch neben der Rechtspflege auch mit administrativen Wahrnehmungen betraut sind, fungiren: das Vogtheigericht, das Landvogtheigericht, das Waisengericht, das Weltgericht, das Amts- und Kämmereigericht, die Criminaldeputation und hinsichtlich des Patrimonialgebiets: das Departement für Bauersachen, das Kreisgericht und das Kirchspielsgericht. Rechtsgelehrte Glieder des Raths amtiren ferner: im Stadtconsistorium, in der Polizeiverwaltung und in verschiedenen Collegien, Inspectionen und permanenten Commissionen. Wegen Geschäftsüberbürdung mussten in den letzten Jahren einige rechtskundige Assessoren berufen und das Landvogtheigericht in zwei Sectionen getheilt werden. Ausserdem besteht bei demselben ein Departement für die Landpolizei. Als nun im Jahre 1862 die Allerhöchst bestätigten Fundamentalbestimmungen für die Reorganisation des Justizwesens im russischen Reiche ernannt wurden, glaubte der Rath auf eine Anwendung derselben in Riga bei Zeiten Bedacht nehmen zu müssen. Zu dem Ende trat unter dem Vorsitze von Bürgermeister Müller eine Commission von Rathsgliedern und Rechtsanwälten zusammen, an deren Berathungen ich gleichzeitig theilnahm, insoweit es sich um die Feststellung der für die Stadt erforderlich scheinenden Gerichtsämter, deren Etats u. s. w. handelte. Die ganze Angelegenheit musste jedoch im Zusammenhange mit der gesammten Justizreform in den baltischen Provinzen in einem erweiterten Kreise zur Deliberation kommen und hatte hierauf mancherlei Phasen durchzumachen. Der Schwerpunkt der Verhandlungen wurde zunächst in eine vom General-Gouverneur Baron Lieven nach Dorpat berufene grosse Justiz-Commission verlegt, sodann in die resp. Landtage und schliesslich unter directer Beeinflussung des Justizministeriums nach St. Petersburg.

Das Jahr 1865 brachte mir noch eine Aufforderung des Börsen-Comités, bei den Conferenzen mitzuwirken, welche in höherer Veranlassung angeordnet wurden, um die specielle Frage der Handelsgerichte in Betracht zu ziehen. Die Ergebnisse unserer gründlichen Erwägungen wurden in einem Memorial zusammengefasst, worin wir die Einführung solcher Rechtsinstitute in den grossen Handelsstädten des Reichs und namentlich in Riga neben einer erschöpfenden Motivirung auf das wärmste befürworteten. Als einen Ausdruck der allgemeinen Anschauungen unseres Handelsstandes wurde dieses Memorial vom Börsen-Comité, sowohl dem General-Gouverneur als den Herren Ministern der Justiz, des Innern und der Finanzen übermittelt.

Mehr als ein Decennium liegt zwischen allen diesen Vorarbeiten und der Zeit, wo ich die Erinnerungen daran niederschreibe (October 1876); aber weder in Sachen der Rigaschen Munizipalverfassung, noch der baltischen Justizreform ist es bis jetzt zu einer Entscheidung gekommen. Die beiden hochwichtigen Themata verblieben jedoch auf der Tagesordnung und konnten bei ihrer folgenschweren Bedeutung für die Zukunft der Stadt und des Landes nicht umhin, die Gemüther in Spannung zu erhalten. Die Zeit war längst vorüber, wo man in den Capitulationsverträgen von 1710 ein Palladium gegen gar zu radicale Umwälzungen zu besitzen wähnte, aber im Hinblick auf den Allerhöchsten Gnadenbrief vom 27. Juli 1856 und im Bewusstsein ihrer, seit anderthalb Jahrhunderten bewährten Loyalität und treuen Anhänglichkeit an Kaiser und Reich, glaubten Stadt und Land die Anwartschaft auf eine Beachtung und Schonung ihrer Eigenart und der historischen Entwickelung ihrer Autonomie und Selbstverwaltung zu haben. Sie glaubten es um so mehr, als sie, wie in ihrem ganzen Bildungsstande, so auch auf allen Gebieten der Administration und der Rechtsordnung, den übrigen Gouvernements des Reichs weit voraus waren. Man wurde aber schon bedenklicher, als in der Folge die russische Publicistik unsere ehrenwerthesten Institutionen und Zustände, lediglich aus dem Grunde, dass es keine specifisch russischen waren, in tendenziöser Weise zu entstellen und anzufeinden begann, endlich sogar die tonangebende Moskauer Zeitung das Unglaubliche fertig brachte, indem sie der russischen Welt eine »baltische Frage« und einen »baltischen Separatismus« auftischte. Diesen Anschwärzungen entgegenzutreten wurde unserer provinziellen Presse untersagt — wie man behauptete, damit die Polemik nicht weitere Angriffe nach sich ziehe. Die wohlmeinende Absicht blieb aber unerreicht, und selbst der gute Wille unserer von einer bessern Einsicht geleiteten General-Gouverneure vermochte den unaufhörlichen Hetzereien keine Grenzen zu setzen. Die beklagenswerthe Folge war zunächst für Riga, dass sich unter den Stadtbewohnern ein nationaler Antagonismus herausbildete, von dem man früher keine Ahnung gehabt hatte, der aber jetzt in schneller Aufeinanderfolge zur Errichtung eines besondern russischen Klubs, eines russischen Frauenvereins, eines russischen Gesangvereins, eines lettischen Vereins, eines lettischen Frauenvereins u. s. w. führte und in einer griechisch-orthodoxen Bratstwo zur Förderung der confessionellen Propaganda gipfelte. Das Geplänkel war auf der ganzen Linie eröffnet und man konnte es der öffentlichen Meinung nicht ausreden, dass die Bewegung in gewissen hohen Regionen gern gesehen wurde.

Ich habe diese Erlebnisse aus den letzten sechs bis sieben Jahren meiner officiellen Stellung nicht mit Stillschweigen übergehen können. Sie drückten dieser Zeit nicht nur ihr politisch bedeutsames Gepräge auf, sondern offenbarten, wie im privaten, so ganz besonders im amtlichen Leben ihre vielfach verstimmenden Nachwirkungen. Es bedurfte der ganzen Ruhe und Besonnenheit der Behörden, um eine Verschärfung der Situation hintanzuhalten.

Noch war aber mein und meiner Gesinnungsgenossen Muth zum Fortbauen auf dem alten soliden Fundamente Rigaschen Bürgersinnes nicht gebrochen, und so kann ich mich im Nachfolgenden wieder unsern Bestrebungen für das allgemein Beste zuwenden.

XI.

Unter dem begünstigenden Einflusse der neuen Verkehrsmittel hatten Handel und Gewerbe in Riga einen Aufschwung genommen, der die Errichtung eines nach kaufmännischen Maximen geleiteten Bankinstituts immer nothwendiger erscheinen liess. Das Bankgeschäft war bis dahin, abgesehen von den einschlagenden Operationen einzelner Kaufleute, im ganzen russischen Reiche von der Staatsbank und ihren in einigen grösseren Städten vorhandenen Comptoiren monopolisirt. Die Wirksamkeit derselben konnte aber begreiflicherweise nur eine beengte sein, da sie an allgemeine Vorschriften und bureaukratische Formalitäten gebunden bleiben musste. Als daher die Staatsregierung im Jahre 1862 die Gründung von Communalbanken für zulässig erklärte, beschloss das Börsen-Comité sofort die Errichtung einer kaufmännisch dirigirten Bank in Riga anzubahnen und zum Zwecke der vorbereitenden Arbeiten eine Commission zu berufen. Die Commission trat im März desselben Jahres zusammen und übertrug mir die Leitung der Berathungen, welche bald zu einer vollen Einigung über die Grundzüge des beabsichtigten Etablissements führten. Darnach sollte die Bank von der Rigaschen Börsen-Kaufmannschaft und unter deren corporativen Garantie gegründet und als Formen für diese Garantie mit einem stets intact zu erhaltenden Stammcapital aus den Fonds des Börsenvereins dotirt werden. Die Operationen sollten sich vorläufig auf Entgegennahme verzinslicher Einlagen, auf das Girogeschäft und auf das Beleihen von Effecten und Waaren beschränken, indem das Discontiren von Wechseln einer etwas späteren Einführung vorbehalten wurde. Ueber die empfangenen Einlagen sollten terminliche und nichtterminliche Bankscheine ausgestellt und diese bei allen Kronscassen als Depots zum Nennwerthe angenommen werden. Auf Bitte der Commission begab sich Herr Adolf Thilo nach St. Petersburg, um maassgebende Persönlichkeiten im Finanzministerium für das Rigasche Bankproject im Allgemeinen und für die dargelegten Grundzüge desselben insbesondere zu gewinnen, eventuell etwa nöthig scheinende Aenderungen zu besprechen. Als er mit der erfreulichen Nachricht zurückkehrte, dass auf der mitgetheilten Basis ein Statutenentwurf ausgearbeitet werden könne, schritten wir sofort zur Redaction derselben. Schon am 22. Juli 1862 wurde unser Entwurf zu einem »Statut für die Börsenbank in Riga«, nachdem er vom Börsen-Comité geprüft worden, einer ausserordentlich anberaumten Versammlung der Kaufmannschaft vorgelegt und von derselben unverändert angenommen. Das Börsen-Comité wandte sich hierauf an das Finanzministerium mit der Bitte um die obrigkeitliche Bestätigung, wobei sich jedoch einige Schwierigkeiten ergaben, zu deren Behebung die Commissionsglieder Consul Heimann und Thilo genöthigt wurden, nach Petersburg zu gehen, um mit dem Ministerium in mündliche Verhandlungen einzutreten. Nachdem man sich schliesslich über einige nicht wesentliche Abänderungen des

Entwurfs geeinigt hatte, wurde im Juli 1863 die Allerhöchste Confirmation dieses Bankstatuts vollzogen. Es gelangte nun wieder an unsere Commission behufs Ausarbeitung der Geschäftsordnung und der für die verschiedenen Geschäftszweige erforderlichen detaillirten Instructionen, bei welcher Gelegenheit Thilo, wie überhaupt bei den Bestrebungen für das Insleben-treten dieser Bank, sich ein hervorragendes Verdienst erwarb.

In einer auf den 24. September 1863 einberufenen kaufmännischen Generalversammlung wurden die Geschäftsordnung und die Instructionen nach den Vorschlägen der Commission genehmigt und zur Wahl des Bankdirectoriums geschritten. Dieselbe fiel auf die Herren Thilo, Heimann, James Armitstead, E. Bornhaupt, C. Deubner, E. Schnackenburg und Neulandt. Es bedurfte indessen noch mehrerer vorbereitenden Maassnahmen, bevor die Bank in Wirksamkeit treten konnte; insonderheit mussten ihre Relationen zu dem Rigaschen Comptoir der Reichsbank geregelt und somit ein Rückhalt beim Darlehnsgeschäft gesichert werden. Nach einer vom Directorium erlassenen Bekanntmachung, die zugleich ein vortrefflich abgefasstes Programm aus der Feder ihres Präses Thilo enthielt, fand die Eröffnung der Börsenbank am 28. März 1864 mit einer angemessenen Feier statt.

Unter den zahlreichen Instituten, die der Gemeinsinn Rigas ins Leben gerufen hat, zeichnete sich die Börsenbank durch eine Prosperität ohne Gleichen aus. Mit einem Fundationscapital von nicht mehr als Einhunderttausend Rubel hatte der Geschäftsbetrieb der Bank noch vor Ablauf eines Jahrzehnts ein Reservecapital von einer Million abgeworfen. Dieses schnelle Emporgehen und Erstarken der Bank musste besonders an denjenigen Stellen überraschen, wo man die Operationsfähigkeit des neuen Etablissements nach seinem geringen Grundstocke bemessen zu können glaubte. Die Statuten-Commission hatte aber mit anderen Factoren gerechnet. Bei der Solidität und Integrität, welche alle Verwaltungen Rigas auszeichnen, waren wir überzeugt, dass man einer von der Börse erwählten Bankadministration, nicht nur in kaufmännischen, sondern auch in weiteren Kreisen mit einem unbedingten Vertrauen entgegenkommen würde. Wir anticipirten also einen Zufluss verzinslicher Einlagen von ausreichendem Belange, um den allmälig steigenden Erfordernissen des Darlehns- und des Discontogeschäfts zu entsprechen. Diese Voraussetzung erwies sich als zutreffend; die Eingänge überflügelten sogar bald das Bedürfniss und die Geschichte der Rigaschen Börsenbank hat die praktische Bedeutung idealer Potenzen glänzend dargethan.

Bei allen von den Ständen oder vom Börsen-Comité in Riga bei hiezu gegründeten Anstalten galt der Grundsatz, dass die zur Verwaltung berufenen Glieder der Gemeinde oder der Kaufmannschaft par honneur und ohne irgendwelche pecuniäre Entschädigung zu fungiren hätten. Von dieser Regel erblicken wir bei der Börsenbank die erste Annahme, indem ihren Directoren eine Tantième von dem jährlichen Reingewinn zugewandt wurde. Diese Bestimmung war ebenso zweckmässig als in der Billigkeit begründet, da es sich bei dieser Verwaltung nicht nur um eine unausgesetzte aufmerksame Thätigkeit, sondern auch um eine schwerwiegende Verantwortlichkeit handelt.

Der Eröffnung der Börsenbank folgte in der Reihe unserer neuen Creditinstitute zunächst die Errichtung der zweiten Gesellschaft gegenseitigen Credits.

Der im Finanz- und Bankwesen wohlbewanderte, dem Finanzministerium attachirte Staatsrath Lamanski hatte in St. Petersburg eine auf neuere Principien begründete Bank unter dem Namen: »Gesellschaft gegenseitigen Credits« organisirt, deren Geschäftsbetrieb günstige Erfolge aufwies. Dieselben Ideen sich aneignend, bemühte sich der Consulent W. Goldmann für die Einführung eines ähnlichen Instituts in Riga, und machte mir den Vorschlag, neben anderen Geschäftsmännern an den hierauf bezüglichen Berathungen und eventualiter an der Abfassung eines Statutenentwurfs theilzunehmen. Was mich besonders bewog, bei diesem Vorhaben mitzuwirken, war der in unserer kaufmännischen Welt laut gewordene und ohne Zweifel begründete Wunsch, der Börsenbank ein Creditinstitut an die Seite zu stellen, dessen Wetteifer der gemeinnützigen Entfaltung des örtlichen Bankwesens zu gute kommen musste.

Nachdem noch Vertreter des provinziellen Grossgrundbesitzes unsern Conferenzen zugezogen waren, vereinigten wir uns in der Prämisse, dass diese neue Bank allerdings den Bedürfnissen des Handels und der Gewerbe volle Rechnung tragen, nicht minder aber darauf ausgehen sollte, die Geldgeschäfte des Landes und der Gutsbesitzer mit möglichster Coulanz zu vermitteln. Die demgemäss entworfenen Statuten wurden dem Finanzministerium zur Genehmigung unterbreitet, hier jedoch in mehreren Punkten beanstandet. Erst nach längeren Auseinandersetzungen gelang es Goldmann, unter Annahme verschiedener Aenderungen, in der ursprünglichen Redaction am 17. December 1868 die Allerhöchste Bestätigung zu erreichen. Gleichzeitig wurde dieser Bank die Firma: »Zweite Rigaer Gesellschaft gegenseitigen Credits« beigelegt, indem eine hiesige Vorschuss-Cassa bereits die Bezeichnung als Ente Rigaer Gesellschaft gegenseitigen Credits erhalten hatte. Wir beschleunigten hierauf die einleitenden Anordnungen, so dass die Gesellschaft im Februar 1869 mit der erforderlichen Anzahl Theilnehmer und Garanten sich constituiren konnte. Die erste Generalversammlung erwählte als Directoren die Herren: Goldmann (Präses), Alfred Armitstead, A. von Grote, W. Hartmann und C. Luger. Ich wurde in die Deputation berufen, welche am Schlusse eines jeden Monats den Status und die Geschäftsführung zu prüfen und zu controlliren hatte. Bei der Veröffentlichung der ersten Bilanz am 30. April 1869 war die Zahl der Mitglieder der Gesellschaft 170 mit einem Garantiecapital von S. Rubel 1,048,100, und hatte sich bis Ende December 1875 auf 575 mit einem Garantiecapital von S. Rubel 5,011,900 gehoben.

Als die Errichtung von Communalbanken gestattet wurde, musste man glauben, dass Riga sich beeilen würde, seine bereits vorhandenen ständischen Darlehnscassen in eine nach zeitgemässen und rationellen Grundsätzen organisirte Bankanstalt umzuwandeln. Diese unter der Verwaltung des Raths und der grossen Gilde stehenden Cassen — die Handlungscassa mit einem Capital von etwa 500 m. Rubel, die Disconto cassa mit etwa 230 m. Rubel — hatten den Fundationszweck:

der örtlichen Kaufmannschaft financielle Hülfsmittel zuzuführen, erreichten denselben aber nur in einem spärlichen Maasse, indem sie, abgesehen von einem geringen Posten circulirender Reverse der Discontocassa, sich darauf beschränkten, ihre eigenen Capitalien auszuleihen, und sobald diese vergriffen waren, stille standen. Ich entschloss mich also, zunächst privatim, die Frage einer bankmässigen Reorganisation dieser Cassen anzuregen und deutete daneben leise an, dass es vielleicht wünschenswerth wäre, in Verbindung mit dem Börsen-Comité ein einheitliches und kräftiges Centralinstitut auf den Plan zu bringen. Bei den maassgebenden Persönlichkeiten, vor allem in der grossen Gilde, begegnete ich aber eine so ausgesprochene Pietät für das Naturell der alten Cassen und ein solches Misstrauen gegen die vorgeschlagene Neuerung, dass ich der Sache keine weitere Folge gab, sondern meinen ganzen Eifer der Begründung der Börsenbank zuwandte. Erst später und nachdem man sich von dem gemeinnützigen und fruchtbringenden Wirken der Börsenbank durch die Erfahrung überzeugt hatte, wurde der conservative Standpunkt insoweit verlassen, dass Rath und grosse Gilde den Beschluss fassten, die Discontocassa in eine eigentliche Bank unter dem Namen: Stadt-Discontobank umzugestalten. Zur Redaction eines dahin gerichteten Statutenentwurfs wurde unter dem Vorsitze des Inspectors, Rathsherr A. Hollander, aus Delegirten des Raths und der grossen Gilde eine Commission eingesetzt, der ich ebenfalls angehörte. Nach dem guten Muster, das in dem Statut der Börsenbank vorlag, war die Arbeit bald gemacht und konnte im August 1866 dem Rathe überreicht werden. Desto länger dauerten die Verhandlungen zur Erwirkung der ministeriellen Genehmigung. Diese konnte erst erzielt werden, nachdem der Rath und die grosse Gilde, als die seitherigen und von Rechtswegen alleinigen Patrone der Discontocassa sich bereit erklärt hatten, die kleine Gilde als Mitinteressenten aufzunehmen. Die Allerhöchste Bestätigung erfolgte nunmehr am 26. April 1871, und am 1. Juni 1873 eröffnete die »Rigaer Stadt-Discontobank« ihre Thätigkeit unter einer ständischen Direction, als deren Präses der geschäftskundige und umsichtige Rathsherr Th. Hartmann waltet.

Im Zusammenhang mit der beschlossenen Umgestaltung der Discontocassa ergab sich die Oppertunität einer Durchsicht des alten Reglements der Handlungscassa. Die zu diesem Zwecke unter dem Vorsitz des Inspectors zusammengetretene Commission, zu der ich vom Rathe abgeordnet wurde, entwarf auf dem Boden der früheren Fundamentalbestimmungen ein neues zeitgemässes Geschäftsreglement, das mit der Sanction des Raths seit dem August 1867 zur Richtschnur genommen wurde.

Obgleich mit diesen Bank- und Darlehnsanstalten den Anforderungen eines erleichterten Creditumlaufs offenbar im hinlänglichsten Maasse Genüge geleistet war, reihten sich denselben doch noch zwei neue Banken an.

Einige Monate nach der zweiten Gesellschaft gegenseitigen Credits entstand eine ganz analoge dritte Gesellschaft, indem die örtlichen Kaufleute russischer Nationalität, aller freundlichen Aufforderung ungeachtet, nicht der zweiten Gesellschaft beitraten, sondern ihre aparte Bank haben wollten.

Ferner brachte uns diese gründungsbeflissene Zeit eine Rigaer Commerzbank. Sie wurde mit einem bedeutenden, hauptsächlich in Petersburg gezeichneten Capital auf Actien etablirt und sucht ihr Geschäftsgebiet durch die Bildung von Filialen im Innern des Reichs zu erweitern.

Berücksichtigt man noch, dass in Riga ein grosses Comptoir der Reichsbank vorhanden war, so musste sich die Befürchtung nahe legen, dass diese Ueberzahl creditgewährender Anstalten von einem nachtheiligen Einflusse auf die solide Geschäftsgebahrung am Orte sein würde. Durch die beklagenswerthen Ereignisse, womit das Jahr 1876 an der Rigaer Börse inaugurirt wurde, erwies sich diese Befürchtung leider als gar zu begründet.

XII.

Schon lange bevor die eben erwähnten neuen Banken ihre Thüren dem geschäftstreibenden Publicum und dem Personalcredit geöffnet hatten, wurden Symptome bemerkbar, die den Immobiliarcredit mit einer wahren Nothlage bedrohten. Seitdem sich in neuerer Zeit, vermöge der hier contrahirten Eisenbahn- und andern öffentlichen Anleihen so viele Gelegenheiten darboten, Capitalien in den solidesten, hypothekarisch und metallisch fundirten, jederzeit leicht wieder realisirbaren Werthdocumenten anzulegen, schien die Zahl derer, welche geneigt war, Vermögen in den schwerfälligen Hausobligationen festzulegen, auf den Aussterbeetat gesetzt zu sein. Neben der grossen Schwierigkeit, Ersatzcapitalien für Kündigungen aufzutreiben, trat das missliche Verhältniss deutlich darin zu Tage, dass ungeachtet der wachsenden Einwohnerzahl, der steigenden Miethzinsen und der vielen zu Gebote stehenden günstig belegenen Baugründe, dennoch die örtliche Bauthätigkeit nicht den erwarteten Aufschwung nehmen wollte. Mit einer eingehenden Beleuchtung dieser kritischen Sachlage veröffentlichte ich also im Mai 1861 meine Broschüre: »Vorschläge zur Gründung eines Creditvereins der Hausbesitzer in Riga«.

Das Ansinnen war zu neu, um nicht Gegner zu finden. Von verschiedenen Seiten wurde eingewandt, dass solche auf dem Princip der Solidarität beruhende Creditverbände zwar für den ländlichen Grundbesitz erfahrungsgemäss sehr am Platze und geeignet seien, was aber städtische Realitäten betreffe, müsse man ihr Bedürfniss, sowohl wie ihre Ausführbarkeit um so mehr bezweifeln, als solche Institute noch nirgends aufgekommen wären*). Ich glaubte hinsichtlich des Bedürfnisses auf die vorerwähnten notorischen Bedrängnisse des Immobiliarcredits hinweisen und im Uebrigen behaupten zu können, dass die Organisation und Geschäftsführung einer städtischen Hypothekenverbindung entschieden viel geringere Schwierigkeiten darbieten müsse, weil alle in Frage kommenden Verhältnisse hier viel klarer und einfacher vorliegen, als bei dem ländlichen Grundbesitze. Es wurde ferner bemängelt, dass der von mir vorgeschlagene Creditverein nur steinerne und nicht ebenfalls

*) Die entsprechenden Anstalten in St. Petersburg und Odessa sind jüngeren Datums, ebenso der auf hölzerne Immobilien berechnete »Hypothekenverein« in Riga und das im Jahr 1868 für Berlin gegründete Pfandbriefinstitut.

hölzerne Gebäude aufnehmen sollte, aber es fiel mir nicht schwer, gerade in dieser Fundamentalbestimmung einerseits die erforderliche Homogenität der Interessen der Creditverbundenen, andererseits die höchstmögliche Dauerbarkeit der von ihnen solidarisch dargebotenen Sicherheiten nachzuweisen.

Die öffentliche Meinung und die Presse nahmen inzwischen meinen Plan beifällig auf, und der Rath beschloss demzufolge die Angelegenheit zu fördern, indem er vorerst eine Commission zur Prüfung des von mir ausgegangenen Statutenprojects berief. Die Commission trat unter dem Vorsitze des Rathsherrn Arend Berckholtz zusammen und veränderte meinen Entwurf in einigen Nebenpunkten, namentlich in der Form, wie die Stadtverwaltung eine Controlle über die Geschäftsführung der Direction ausüben sollte. Ich hatte dagegen nichts einzuwenden, und da der Rath dem Entwurfe in seiner neuen Gestalt beistimmte, so erbat er im October 1862 vom Civil-Gouverneur die Uebersendung an das Finanzministerium behufs Erlangung der staatlichen Bestätigung. Nachdem das Ministerium verschiedene Paragraphen des Entwurfs auf eigene Hand einer Correctur unterzogen hatte, erfolgte am 27. October 1864 die Allerhöchste Bekräftigung eines Statuts, das jedoch in einem so verhängnissvollen Maasse von unsern Vorschlägen abwich, dass es ganz unmöglich gewesen wäre, daraufhin ein lebensfähiges Creditinstitut dieser Art ins Dasein zu rufen*). Der unliebsame Zwischenfall versetzte uns in die Alternative, entweder die ganze Sache fallen zu lassen, oder erneuerte Verhandlungen mit dem Ministerium

*) Dergleichen Vorkommnisse lassen sich nur daraus erklären, dass die Herren Minister und auch wohl die ihnen zunächst stehenden höheren Functionäre von wichtigeren Wahrnehmungen gar zu sehr in Anspruch genommen sind, um sich mit einer detaillirten Musterung der aus der Provinz eingebrachten Statutenprojecte befassen zu können. Die Arbeit wird also subalternen Beamten zugewiesen, die ihren Diensteifer und ihre Befähigung nur dadurch an den Tag legen können, dass sie Verbesserungsvorschläge anbringen, welche freilich nicht immer glücklich ausfallen. Man hat darum auch kein Beispiel, dass ein vorgestellter Entwurf anders als mit mehr oder weniger Abänderungen durchgegangen wäre. Daneben ereignen sich bisweilen Irrungen und Missverständnisse in Folge der sprachlichen Uebertragungen.

herbeizuführen. Wir entschieden uns für das letztere und fanden dabei eine bereitwillige Vermittelung von Seiten der Gouvernementsverwaltung. Daneben ergab sich die Gelegenheit zu einer persönlichen offiziösen Vertretung der Angelegenheit höheren Orts, und der endliche Erfolg war, dass ein, zwar mit unserer Vorlage nicht ganz übereinstimmendes, aber immerhin brauchbares Reglement am 25. October 1865 der Allerhöchsten Bestätigung gewürdigt wurde.

Mehr als vier Jahre waren jetzt verflossen, seit ich mit meinem Projecte an die Oeffentlichkeit trat. Die allgemeine Finanzlage hatte sich mittlerweile wesentlich verändert; die Hoffnung auf eine Wiedergewinnung der metallischen Basis für unsere obligatorischen Zahlmittel war immer mehr in den Hintergrund getreten; die auswärtigen Capitalien hatten sich demzufolge von unserm Geldmarkte allmälig zurückgezogen oder reflectirten nur noch auf die in klingender Münze garantirten Eisenbahneffecten; mit alleiniger Ausnahme der Lotterieanleihen machte sich ein verstimmender Rückgang in den Notirungen aller auf Creditrubel lautenden Valoren bemerkbar. Um es kurz zu sagen, die Zeitumstände waren der Einführung einer neuen eigenartigen Creditinstitution im höchsten Grade ungünstig. Für eine Vertagung aber stellten sich die Aussichten, schon um des moralischen Eindrucks willen, noch misslicher. Man musste also unverweilt und mit möglichster Energie ans Werk gehen. Ich that es mit geringen Hoffnungen für die Anfänge des Vereins, aber in der vollen Zuversicht, dass derselbe allmälig aufstreben und seine hohe Gemeinnützigkeit mit der Zeit immer mehr bewähren werde. Gleichgesinnte Freunde leisteten mir bei den vorbereitenden Maassnahmen einen um so willkommeneren Beistand, als ich eben jetzt mit andern unaufschiebbaren Arbeiten überlastet war. Die constituirende Versammlung des Creditvereins wurde am 4. März 1866 abgehalten. Sie erwählte als Directoren: die Consulenten Burchard von Klot und Theodor Germann, den Aeltesten G. H. Nipp und mich, als Syndicus und Secretär Consulent Max von Tunzelmann, worauf die Collegen mir das Präsidium übertrugen. In dieser Function hatte ich zunächst Anlass, den

Herren von Klot und von Tunzelmann für die von ihnen mit ebenso viel Vorbedacht als Präcision entworfene Geschäftsordnung und Bureauinstruction zum aufrichtigsten Danke verpflichtet zu werden. In Uebereinstimmung damit wurde der Dienst organisirt und bewährte sich fortan zur grössten Zufriedenheit sowohl der Direction, als der Controllcommission.

Am 28. Januar 1867 wurden nach Erfüllung der vorgeschriebenen Formalitäten die ersten Immobilien in den Verband aufgenommen und demnach die ersten Pfandbriefe des Vereins ausgegeben. Die Direction versammelte sich zu regelmässigen Sitzungen an jedem Montage, und indem sie bei ihrer pflichtmässigen Thätigkeit mit der grössten Umsicht und Gewissenhaftigkeit zu Werke ging, vor Allem die Solidität des Instituts im Auge behaltend, erfreute sich dasselbe bald eines allgemeinen und wohlverdienten Vertrauens. Den Beweis dafür lieferten die mit jedem Jahre wachsende Betheiligung der Hausbesitzer und der steigende Börsencurs unserer Pfandbriefe. Am Ende des Gründungsjahres standen im Verbande nur 18 Immobilien mit einer Pfandbriefschuld von Rubel 243,000; das Jahr 1875 schloss mit 153 Immobilien und einem cursirenden Pfandbriefcapital von Rubel 3,112,000.

Zur gesicherten und zweckmässigen Unterbringung seines Geschäftslocals erwarb der Verein 1874 eine in der grossen Sandstrasse belegene Realität. Inzwischen gestaltete sich meine Abwesenheit von Riga voraussichtlich zu einer dauernden, weswegen ich mich bewogen fühlen musste, aus der Direction auszutreten. Ich schied mit Bedauern von einer Anstalt, die meine wärmste Sympathie in Anspruch nahm, jedoch mit dem frohen Bewusstsein, die Verwaltung in den besten Händen zu erblicken, und gedenke voll Erkenntlichkeit der ehrenvollen Entlassung, die mir die Generalversammlung des Creditvereins am 8. März 1876 zutheil werden liess.

XIII.

Inmitten der verschiedenen öffentlichen Wahrnehmungen, worüber ich bis hiezu berichtet habe, durften meine Pflichten im Wettgericht nicht vernachlässigt werden. Ich bemühte mich vielmehr dem guten Beispiele meiner berufstreuen Collegen zu folgen und erneuere mit herzlicher Freude die Erinnerungen an unsere zwölfjährige gemeinsame und harmonische Amtsführung.

In den Sitzungen der Behörde wurden theils die vorliegenden administrativen Gegenstände erledigt, theils judicirt und über die zu fällenden Erkenntnisse berathen, welche letztere der Präses mit der ihm eigenen Gründlichkeit und Klarheit ausarbeitete. Die amtliche Thätigkeit der kaufmännischen Glieder war ausserhalb der Gerichtssitzungen, hauptsächlich durch die Inspection der handelspolizeilichen Einrichtungen und deren Handhabung in Anspruch genommen. Auf diesem Gebiete ergaben sich indessen häufige Veranlassungen, wenn nicht zu einem directen oder indirecten Einschreiten, doch zu der Bemerkung, dass mancherlei Reformen und Verbesserungen im Interesse einer reellen und constanten Abwickelung der Geschäfte wünschenswerth, wenn nicht gar geboten waren.

Meinen Anträgen gemäss genehmigte demzufolge das Wettgericht, dass ich mit gebührender Berücksichtigung aller obwaltenden Bedürfnisse eine Umarbeitung der für die örtlichen Handelsbeamten und Aemter bestehenden Verordnungen, Instructionen und Taxen in die Hand nahm. Es war eine ziemlich weitläuftige und eine gewisse Ausdauer beanspruchende Arbeit, die darum nur allmälig fortschreiten und zu Ende geführt werden konnte. Die Hemmungen, welche sich einem rascheren Vorgehen entgegenstellten, hatten ihren Grund darin, dass alle neuen oder abzuändernden Punkte vorgängig mit dem Börsen-Comité oder besondern Delegationen desselben vereinbart, dann den betreffenden Beamten und Aemtern gegenüber durchgesetzt werden mussten, was häufig nur mit grosser Mühe und nach langem Parlamentiren zu erreichen war. Für die neuen vom Wettgericht ausgehenden Entwürfe musste bisweilen noch die Zustimmung der allgemeinen Versammlung der Kaufmannschaft eingeholt werden; immer aber hatten sie die Instanzen des Raths, des Civil-Gouverneurs und des General-Gouverneurs zu absolviren, bevor sie mit der Bestätigung des letzteren zur gesetzlichen Gültigkeit gelangten. Die Publicationen der neuen Ausarbeitungen erfolgten demnach im Jahre:

1855 Taxe für die Handlungsmakler,
1856 Verordnung für die Hanfwraker,
1857 " " " Leinsaatwraker,
1858 " " " Flachswraker,
1858 Instruction für die Makler,
1858 Taxe für die Hanf- und Flachswraker,
1858 " " " Messer,
1859 " " " Ligger,
1859 " " " Stadtwäger,
1860 " " " Weinträger,
1861 Verordnung und Instruction für die Ligger.

In diesen Neuordnungen wurde als leitender Gedanke die Tendenz festgehalten, den Manipulationen des Handels möglichst freien Spielraum zu gestatten und alle dem entgegenstehenden herkömmlichen Gebräuche und Vorschriften aus dem Wege zu räumen. Unter Anderem wurde die Beschränkung des Flachsgeschäfts auf die innere Stadt aufgehoben, der Wrakrayon im Allgemeinen zweckmässig erweitert; die Reinigung und Verpackung der Säsaat wurden dem Liggeramte abgenommen und in einer fördersameren Weise dem Messeramte zugewiesen; die unklaren und verwickelten Positionen der alten Taxen erhielten neben übersichtlichen Gruppirungen eine präcisere Fassung; verschiedene Arbeitsleistungen der Handlungsämter wurden ihrer Alleinberechtigung entzogen u. s. w.

Als eine der wichtigsten Institutionen des Handels fesselte das städtische Waagewesen meine besondere Aufmerksamkeit. Es offenbarten sich darin Mängel, die meiner Meinung nach so wesentlich waren, dass ich es für meine Schuldigkeit halten musste, mit dem erdenklichsten Nachdrucke auf die Herbeiführung befriedigender Zustände hinzuwirken. Ich überreichte demzufolge dem Wettgerichte ein Memorandum, worin ich diese Materie einer erschöpfenden Kritik unterzog und motivirte Vorschläge für anzustrebende Reformen machte. Das Wettgericht stimmte mir in Allem bei, und zur Förderung des guten Zweckes folgten nun eine Reihe, theils von der Behörde, theils von mir persönlich geführter Verhandlungen. Um die beabsichtigten Verbesserungen durchzuführen, bedurfte es nämlich mancher anderweitigen Zustimmung und Mitwirkung, wie von Seiten des Raths und der Stände, des Cassa-Collegiums, des Börsen-Comités und der Zollverwaltung. Ausserdem mussten, so weit ihre Emolumente in Frage kamen, die Stadtwäger, die Waagenotare und die Handlungsämter gehört und zur Nachgiebigkeit gebracht werden. Im höchsten Grade war die Stadt-Cassa, von wegen des geplanten Neubaues zweier Wagehäuser bei der Sache interessirt, und wir mussten das geneigte Entgegenkommen von dieser Seite besonders dankbar anerkennen. Beinahe grössere Schwierigkeiten verursachte es, die Genehmigung der Zollverwaltung zur Einführung von Decimalwaagen zu erringen, eine Neuerung, die auch in weiteren Kreisen auf Ungunst und Bedenken stiess und mir viel zu schaffen machte. Das Vorgehen des Wettgerichts zur Reform des Waagewesens konnte also nur ein schrittweises sein, führte aber allmälig doch zu den vorgesteckten Zielen. Als die hauptsächlichsten Resultate dürften zu bezeichnen sein: die Umgestaltung der Verhältnisse der Stadtwäger und Waagenotare, sowie deren Adjuncten in ihren amtlichen Stellungen und Emolumenten; eine in vielen Positionen herabgesetzte, überhaupt aber rationelle Bemessung der Waagegebühren; eine Ermässigung bez. Aufhebung verschiedener Accidenzien bei den Waagen und im Stadt-Waage-Comptoir; eine Ermässigung der Gebühren der Ligger und Weinträger für die Arbeitsleistungen bei den öffentlichen Waagen; die Errichtung einer neuen Stückgutwaage mit 6 Balancen, wovon fünf nach dem Decimalsystem; die Errichtung der grossen Stadtwaage auf dem Flachsmarkte mit 24 Balancen; die gebotene Möglichkeit amtlicher Gewichtsermittelungen ausserhalb der publiken Waagehäuser.

Nachdem das Ambaren-Wach- und Brand-Commando im Jahr 1851 zufolge Vereinbarung mit dem Börsen-Comité eine angemessene Organisation und eine eigene, aus einem Wettherrn und zwei Delegirten des Börsen-Comités bestehende Verwaltung erhalten hatte, erübrigte noch für die bis dahin in gemietheten Quartieren zerstreute Wachmannschaft ein geeignetes Unterkommen zu beschaffen. Auf meinen Antrag, und im Einvernehmen mit dem Wettgerichte, beschloss die Verwaltung den Neubau eines eigenen massiven Wachhauses in einer den drei Ambarencomplexen möglichst nahen Lage. Der Bau wurde nach einem Entwurfe des Stadtarchitekten Fehko alsbald in Angriff genommen und im Jahr 1860 konnte das Commando einschliesslich Befehl, Brandmeister, Spritzen und sonstigem Löschgeräthe in das fertiggestellte Gebäude übergeführt werden. Später fand sich hier noch die willkommene Gelegenheit, ein Dejourlocal für die freiwillige Feuerwehr einzuräumen. Die Herstellungskosten des Bauwerks hatten 27 m. Rubel erfordert und wurden mit einem zeitweiligen Vorschusse des Börsen-Comités aus den Mitteln der Verwaltung, den sog. Ambarenwachgeldern, bestritten.

Im Zusammenhange mit den Reformen in den Waageinstitutionen erhielt das meiner Inspection unterstellte Justirwesen eine neue und correctere Organisation. Die zerstreut bestehenden Gesetze und von Zeit zu Zeit erschienenen Verordnungen über Maasse und Gewichte, deren Verificationen u. s. w. wurden von mir in einer Instruction für die städtische Justirkammer zusammengestellt, vom Wettgerichte genehmigt und zum Druck befördert.

Obgleich das um- und neugestaltende Wirken des Wettgerichts in den vorerwähnten Beziehungen nicht immer ohne Widerwärtigkeiten ablief, so gewährte es doch eine Genugthuung im Hinblick auf seine thatsächlichen Erfolge. Dasselbe liess sich kaum von den Bemühungen und Massnahmen der Behörde auf einem andern, seiner Inspection unterstellten Gebiete sagen. Ich meine die öffentliche Wrake.

Bei allem Respect für das ehrwürdige Alter dieses aus den Tagen der Hansa stammenden Instituts, das ohne Frage während vieler Generationen die besten Dienste geleistet hat, muss man doch der Wahrheit die Ehre geben und gestehen, dass Klagen über die öffentliche Wrake, zumal mit Beziehung auf die Hauptartikel Flachs und Hanf, während der letzten Decennien immer häufiger wurden und endlich fast ununterbrochen auf der Tagesordnung standen. Seit den zwanziger Jahren bildeten sie das

Verhandlungsthema für eine grosse Anzahl von amtlichen Berathungen, Commissionssitzungen und obrigkeitlichen Erlassen, ohne dass die dadurch hervorgerufenen Anordnungen zu einer durchgreifenden oder nachhaltigen Remedur geführt hätten. Dass mittlerweile die Exporteure eine Nöthigung empfanden, trotz der officiellen obligatorischen Einwrake, eine private sog. Nachwrake einzuführen und bei ihren Kaufverträgen nun auf diese allein den Accent zu legen, hätte füglich auf veränderte Bedürfnisse des Handels und auf das Zeitgemässe einer principiellen Umbildung der alten Einrichtung hinweisen sollen. Das Dogma von der absoluten Nothwendigkeit einer unveränderten Beibehaltung derselben war aber so allgemein verbreitet und wurde durch so viele einzelne Interessen genährt und lebendig erhalten, dass der leiseste dagegen ausgesprochene Zweifel als Ketzerei angesehen wurde. Die Kaufmannschaft verweigerte sogar ihre Zustimmung zu der vom Wettgericht beanspruchten Suspension der öffentlichen Wrake für Talg und Pottasche, ungeachtet, dass diese beiden Artikel in Folge der durch die amtliche Sortirung verursachten Kosten und Belästigungen von unserer Exportliste schon ganz verschwunden waren.

Veranlasst durch Wünsche und Anträge des Börsen-Comités wurden, wie zuvor, auch während meines Assessorats im Wettgericht die Mittel und Wege zu einer zufriedenstellenden Function der Stadtwrake vielfach ventilirt, und fanden ihren Ausdruck theils in den bereits angeführten drei Verordnungen aus den Jahren 1856, 1857 und 1858, theils in Veränderungen und Ergänzungen derselben, wie z. B. betreffend Flachs im Jahr 1861, Hanf im Jahr 1864 und Säsaat in den Jahren 1861 und 1865. Demungeachtet wollten die Klagen, besonders über die Flachswrake, kein Ende nehmen, und nur in den seltensten Fällen war das Wettgericht im Stande, die Wraker von Rechtswegen für Pflichtversäumnisse zur Strafe zu ziehen. Die Untersuchungen, welche in Folge von Beschwerden ausländischer Empfänger eingeleitet wurden, konnten selbst in Fällen, wo sie begründet waren, keine Resulate haben, weil die Stadtwraker und die privaten Nachwraker einander mit gleicher Wahrscheinlichkeit die Verschuldung zuschoben. Dazu kam noch das Dilemma, dass die private Exportwrake den Flachs in etwa 30 Sorten eintheilte, während die öffentliche Wrake nur 9 verschiedene Qualitäten statuirte.

Die Sachlage hatte nachgerade die Aufmerksamkeit der Staatsregierung auf sich gezogen und im April 1862 erschien ein Allerhöchster Befehl, demzufolge die seitherige obligatorische einkommende Wrake der Flachsen binnen zwei Jahren in eine obligatorische öffentliche Verschiffungswrake umgewandelt werden sollte. Auf eine Gegenvorstellung des Börsen-Comités erfolgte nach ministerieller Anordnung die Niedersetzung einer Commission zu weiterer Prüfung der Angelegenheit. Die Commission bestand aus dem Vice-Gouverneur von Cube als Präses, zwei Gliedern des Wettgerichts: Böthführ und mir, und vier Vertretern der Kaufmannschaft: Cumming, Alfred Armitstead, Thilo und Sprost. Ich führte aus, dass ich von meinem volkswirthschaftlichen Standpunkte aus, im Princip weder mit einem einkommenden noch mit einem ausgehenden Wrakzwange sympathisiren könne, und Thilo sprach sich für die sofortige Beseitigung jeder obligatorischen Wrake aus. Alle übrigen Mitglieder der Commission stimmten für die Beibehaltung der einkommenden, öffentlichen und obligatorischen Wrake. Dabei blieb es denn auch bis nach zwei Jahren, im Juli 1864, ein Allerhöchster Befehl erlassen wurde, wonach jede obligatorische Wrake der Flachsen aufhören und nur eine facultative öffentliche Wrake gestattet werden sollte. Zur Berathung der hiernach erforderlich werdenden Vorkehrungen berief das Börsen-Comité eine Zwölfer-Commission, zu der ich zugezogen wurde, und welche den vollständigen Entwurf zu einem Reglement für eine facultative öffentliche Verschiffungswrake ausarbeitete. Dieser Entwurf wurde aber von der Generalversammlung der Kaufmannschaft mit compacter Stimmenmehrheit abgelehnt und statt dessen der Beschluss gefasst, bei Kaiserlicher Majestät um die Fortdauer der alten einkommenden Zwangswrake zu suppliciren. Eine zu diesem Zwecke nach St. Petersburg gesandte Deputation — Präses Consul W. von Sengbusch, Consul W. Ruetz und Schriftführer von Stein — erwirkte eine dreijährige Frist für die Beibehaltung der alten Ordnung.

Auf dieser Grundlage und in der Absicht das herkömmliche Wrakinstitut zu heben und vor ferneren Bemängelungen sicher zustellen, beschloss die Kaufmannschaft nunmehr die Zahl der Stadtwraker zu vermehren und ihre Emolumente dermassen zu verbessern, dass die vom Handel zu entrichtenden Gebühren auf das Doppelte erhöht wurden. Angesichts der bedeutenden Unkosten, womit die öffentliche Wrake bereits den Handel direct und indirect belastete, musste diese Maassregel zu der Anerkennung führen, dass die Kaufmannschaft bereit war, das äusserste und letzte Mittel zu versuchen, um den Credit der alten Stadtwrake aufrechtzuerhalten. Das Wettgericht konnte gegen eine so entschiedene Kundgebung der in der Kaufmannschaft herrschenden Willensmeinung nichts einzuwenden haben, und beförderte die betreffenden Vorschläge an den Rath, auf dessen Unterlegung dieselben im Jahr 1865 vom General-Gouverneur bestätigt wurden und 1866 in Kraft traten. Ob und inwiefern sie ihren Zweck erreicht haben, entzieht sich meiner persönlichen und unmittelbaren Beurtheilung, da ich in demselben Jahre das Wettgericht verliess. Dass die Verhältnisse sich in einem wesentlichen und den dargebrachten Opfern entsprechendem Maasse gebessert hätten, habe ich von keiner Seite behaupten gehört; glaube aber, dass man unrecht thun würde, wollte man einen Misserfolg lediglich auf Schuld der Wraker stellen. Die Erscheinung hatte ihren tieferen Grund, denn offenbar hatte die Zwangswrake sich überlebt und stand ihrem innersten Wesen nach mit den in der Gegenwart obwaltenden Bedürfnissen eines freien Verkehrs in einem unlöslichen Widerspruche. Allem Anscheine nach ging denn auch die Kaufmannschaft im Jahre 1868 mit keinem gar zu grossen Bangen an die Umwandlung der obligatorischen Flachswrake in eine facultative; und wenn es nicht geschehen wäre, so hätte ohne Zweifel Königsberg eine noch grössere Quote des seither durch Riga vermittelten Exports an sich gezogen. — In den folgenden Jahren wurde auch für die übrigen Ausfuhrwaaren die Zwangswrake allmälig aufgehoben und aus naheliegenden Gründen nur für Säleinsaat beibehalten.

Neben der Beaufsichtigung der öffentlichen Handelsanstalten

und der dabei fungirenden Beamten und dienenden Aemter war das Wettgericht verpflichtet darüber zu wachen, dass die Handel- und Gewerbetreibenden in ihren resp. Geschäftsführungen nicht über die Berechtigungen hinausgingen, die ihnen nach Maassgabe der anticipando entrichteten Steuern legaliter zuerkannt waren. In dieser Beziehung hatte das im Jahr 1863 ernannte neue Gesetz über die Handelssteuern eine ganz ausserordentliche Vermehrung der wettgerichtlichen Amtshandlungen im Gefolge. Da besonders in Betreff des Detail- und Kleinhandels, sowie der zu besteuernden Geschäftslocale, Lagerräume u. s. w. die factischen örtlichen Verhältnisse sich nicht immer den bezüglichen Paragraphen der Verordnung anpassen liessen, soergab sich hieraus die Nothwendigkeit zu Interpretationen, wozu weder das Wettgericht, noch der livländische Kameralhof sich competent fühlen mochten und daher auf das Ministerium zurückgingen. Dass das letztere mit ähnlichen Anfragen, und zwar in übergrosser Zahl auch von andern Gouvernements behelligt wurde, konnte nicht Wunder nehmen, wenn man die Ausdehnung des Reichs und die darin vorkommenden allerverschiedenartigsten Entwickelungsstufen und Betriebsformen des Handels und der Gewerbe in Erwägung zieht. Die demzufolge erforderlich gewordenen Erläuterungen und Vervollständigungen des Erlasses von 1863 fanden, soweit möglich, ihren Ausdruck in dem Allerhöchst bestätigten revidirten Handelssteuergesetz vom Jahr 1865.

Es würde zu weit führen, wollte ich noch fernere Reminiscenzen aus meinem wettgerichtlichen Berufsleben niederschreiben. Bei der ausserordentlichen Entfaltung der commerciellen Thätigkeit Rigas in dieser Periode, sah die Handelsbehörde das Feld ihrer administrativen Erwägungen und Anordnungen um so mehr erweitert, als jene Entfaltung durch Momente bedingt wurde, welche neue Situationen schufen und im Interesse des Geschäftsganges veränderte Methoden und Anordnungen erheischten. Von einem solchen directen und unverkennbaren Einflusse auf das Wesen und die Gestaltung der Handelsbewegung waren: der Ausbau des Hafens, die Eröffnung des Eisenbahnverkehrs, die Organisation regelmässiger Dampfschifffahrtslinien, die Abtragung der verkehrshemmenden Festungswerke, die Beschleunigung des Postenlaufs, die Herstellung telegraphischer Verbindungen mit dem In- und Auslande, die Entwickelung des örtlichen Bankwesens, die Aufhebung des obligatorischen Zwischenhandels*) — Errungenschaften, die sich auf den kurzen Zeitraum eines Jahrzehnts concentrirten.

XIV.

Am 9. Januar 1865 war Graf Peter Schuwallow als General-Gouverneur des Ostseegebiets in Riga eingetroffen; aber nicht lange sollten die Provinzen sich der Oberverwaltung dieses ausgezeichneten Mannes erfreuen. Zu ihrem grossen und allgemeinen Bedauern wurde er schon im April 1866 für eine bedeutungsvollere Stellung nach St. Petersburg berufen. Ihm folgte als General-Gouverneur der Graf Eduard von Baranow, jedoch nur für wenige Monate, und sodann im October desselben Jahres der General-Adjutant Peter Albedinski.

*) Die hanseatische Rechtsnorm: »Gast darf nicht mit Gast handeln«, galt auch für Riga, d. h. der Fremde durfte nur von Rigaschen Bürgern kaufen und nur an Rigasche Bürger verkaufen. Mit einigen wahrscheinlich im Laufe der Zeit usuell gewordenen Ausnahmen, erhielt dieses alte Herkommen eine erneuerte gesetzliche Sanction durch die im Jahre 1765 Allerhöchst emanirte Handelsordnung. Bei der steigenden Bedeutung Rigas als Emporium für grosse internationale Waarenumsätze, wurde es indessen immer schwieriger und zuletzt ganz unmöglich, eine Satzung aufrecht zu halten, die nur von einer einseitigen und kurzsichtigen Localpolitik dictirt schien. Die praktischen Verhältnisse und ihre Anforderungen erwiesen sich bald stärker als die Gesetzgebung, und allmälig war die Geschäftswelt mit stillschweigender Connivenz der Behörden bei dem Uebereinkommen angelangt, dass nur noch Flachs und Säsaat Objecte des obligatorischen bürgerlichen Zwischenhandels zu verbleiben hätten, während im Uebrigen der Verkehr zwischen Gast und Gast sich frei bewegen konnte. Damit war allerdings dem effectiven Bedürfnisse, aber weder dem Princip noch der Legalität ein Genüge geleistet. Die Commission zur Revision der baltischen Handelsverordnungen hatte demzufolge die gänzliche und formelle Beseitigung des Zwischenhandelsmonopols höheren Orts befürwortet. Die Aufhebung erfolgte durch das Allerhöchst bestätigte Gutachten des Reichsraths vom 30. October 1861.

Die Oberverwaltung des Generals Albedinski bleibt für Riga besonders darum dankenswerth, dass es nach vielen vorangegangenen vergeblichen Bitten und Vorstellungen endlich seinen Bemühungen gelang, die Staatsregierung zu einer financiellen Mitwirkung bei der Verbesserung unseres Hafens zu bewegen. Für einen guten und navigabeln Zustand der Flussmündung war, wie oben berichtet, bereits durch die Beisteuern des örtlichen Handels vorgesorgt; es erübrigte aber noch die Correction des inneren Strombettes. Dieselbe wurde nunmehr auf Rechnung des Reichsschatzes in Angriff genommen und gleichzeitig die systematische Durchführung dieser grossen und wichtigen Arbeit in Aussicht gestellt. Als erste Serie der betreffenden Constructionen erfolgten in den Jahren 1868 bis 1870 die Herstellung des sog. Andreasdammes auf dem rechten und die Verlängerung des Kiepenholmschen Dammes auf dem linken Dünaufer.

Da ich, wo immer möglich, die Regel befolgte, die mir anvertrauten öffentlichen Angelegenheiten nicht nur auf dem officiellen und schriftlichen Wege, sondern auch persönlich zu vertreten, so hatte ich noch weitere wiederholte Gelegenheiten, mich von den wohlwollenden Gesinnungen des Generals Albedinski für die Stadt zu überzeugen und darf mich vielleicht auch dieser persönlichen Gewogenheit rühmen.

Während der Oberverwaltung der erwähnten drei General-Gouverneure hatte ich, wie schon früher im Jahre 1864, den livländischen Landtagen als Deputirter der Stadt Riga beizuwohnen. Es waren die Landtage der Jahre 1865 (zwei Landtage) 1866, 1867 und 1869, von denen der 1864er im alten Ritterhause, die folgenden im Schwarzhäupterhause, der letzte im neuen Ritterhause abgehalten wurden. Der andere Stadtdeputirte war anfangs Bürgermeister Otto Müller, später Rathsherr A. Faltin. Als Landmarschälle fungirten 1864 und 1865 Fürst Paul Lieven, in den weiteren Jahren Herr G. von Lilienfeld. Die Landtage wurden mit einem Gottesdienste in der Jacobikirche eingeleitet und mit einer Rede des Landmarschalls im Versammlungssaale eröffnet. Die Dauer eines Landtages war selten unter vier Wochen bei täglichen dreibis vierstündigen Sitzungen, denen ich fast ohne Ausnahme von Anfang bis zu Ende beiwohnte. Die Berathungen verliefen allemal in einer höchst würdigen und musterhaft parlamentarischen Form, die es selbst dann nicht zu irgend welchen Ausschreitungen kommen liess, wenn tief erregte Meinungen einander gegenüber standen. Die conservativen und liberalen Parteien hielten einander in den Debatten so ziemlich die Waage. An Ultras fehlte es auf beiden Seiten nicht, aber ihre Zahl war gering und ohne Einfluss.

Aus der unübersehbaren Fülle von Gegenständen, worüber während meiner sechs Abordnungen verhandelt wurde, erlaube ich mir diejenigen anzudeuten, welche, soweit mir noch erinnerlich, im Vordergrunde der Discussion standen oder doch für die Stadt am wichtigsten waren. Sie betrafen die Justizreform; die Verhältnisse der evangelischen Landeskirche zur griechisch-orthodoxen Staatskirche nebst vielen damit zusammenhängenden heiklen Fragen; das Landesschulwesen; die Massregeln zu einer gedeihlichen Förderung der bäuerlichen Landerwerbungen, die neue Landgemeindeordnung, die Projecte für eine Steuerreform; die Anträge auf Zulassung von Deputirten einiger livländischen Städte zu den Landtagsversammlungen, welche Anträge unter verschiedenen Formen eingebracht, aber immer abgelehnt wurden, die Freigebung des Erwerbs von Rittergütern an alle Stände, ein Verlangen, das mehrmals zurückgewiesen, aber schliesslich doch zum Beschluss erhoben wurde; die lebhaft bestrittene Anwendung der russischen Sprache im Schriftwechsel mit verschiedenen Behörden; die Prästationen für das Militär, die Unterhaltung der Poststationen, Wege und Chausseen, die Projecte für Eisenbahnanlagen und deren Subventionirung aus Landesmitteln. In diesen, wie in allen anderen Fragen standen die Rigaschen Deputirten auf Seiten der fortschrittlich gesinnten Landboten, selbstverständlich ohne jede Abirrung auf utopische Gebiete.

Seiner Zusammensetzung nach im Wesentlichen eine Adelsversammlung, entspricht der livländische Landtag keineswegs den Anforderungen, welche man in unsern Tagen an ein Abgeordnetenhaus zu stellen gewohnt und berechtigt ist. Immerhin aber und als mehrjähriger Zeuge seiner ernsten und schaffenden Thätigkeit und seines mannhaften Einstehens für unsere Kirche und Sprache gehöre ich zu denjenigen, die den vollen Werth dessen zu schätzen wissen, was dieser politische Körper in Vertretung der vitalsten Interessen des Landes geleistet hat. Ohne die grosse Bedeutung vieler anderer Beschlüsse zu verkennen, will ich hier nur der Acte gedenken, die zum Besten der agraren Bevölkerung vollzogen wurden. Mögen auch in dieser Beziehung einzelne Anregungen von Oben gekommen sein, immer verblieb doch dem Landtage das unbestreitbare Verdienst, dieselben einer praktischen, gesunden und lebenskräftigen Gestaltung entgegengeführt zu haben. Es ist darum nicht zu viel gesagt, wenn man behauptet, dass es dem Landtage und seinen wohlerwogenen Beschlüssen und Anordnungen zu danken ist, dass unser Bauernstand während der letzten Jahrzehnte in materieller Wohlfahrt und geistiger Cultur Fortschritte gemacht hat, wie sie in so geringer Zeit schwerlich irgendwo anders nachzuweisen sein möchten.

Was die Städte betrifft, so lag ein unmittelbarer Einfluss auf deren innere Angelegenheiten weder in den Kongetenzen, noch in den Neigungen des Landtags; und von einer Rivalität oder gar Animosität zwischen Adel und Bürgerthum, worüber ehedem häufig geredet worden, habe ich keine Spur bemerkt. In der That waren auch die Zeichen der Zeit ganz geeignet, an ein einträchtiges Zusammenhalten derjenigen beiden provinziellen Elemente zu mahnen, die sich sowohl in geistiger wie wirthschaftlicher Beziehung als die natürlichen Hüter und Träger eines allgemeinen Wohlergehens darstellen.

XV.

Auf die städtischen Angelegenheiten zurückkommend, vergegenwärtigt sich mir wieder eine Reihe commissarischer Sitzungen. Ich erwähne nur folgende:

Zur Behandlung der Frage: wie die als nothwendig erkannte Erweiterung der Lösch- und Ladeplätze für Schiffe im Rigaschen Hafen am zweckmässigsten zu ermöglichen wäre, wurde vom Grafen Schuwallow eine Commission, bestehend aus Abgeordneten der Stadtverwaltung, des Börsen-Comités und der Riga-Dünaburger Eisenbahngesellschaft niedergesetzt. Als Vertreter der Stadt erschienen Rathsherr Beck und ich. Unter dem Vorsitze des Vice-Gouverneurs J. von Cube und mit Zuziehung von Technikern und Schifffahrtskundigen — Oberingenieur Becker und Lootsencommandeur Girard — beschäftigten wir uns mit dem Gegenstande in eingehenden Berathungen, welche zu der Aufstellung eines umfassenden in verschiedene Theile zerfallenden Projects führten. Der wichtigste Abschnitt desselben bezog sich auf die vorgeschlagene Beschaffung von Anlegeplätzen und Speicherbauten in Mühlgraben, zu welchem Behufe die Ansichten der Commission dahin gingen: es möchte übernommen werden: 1. von der Riga-Dünaburger Eisenbahngesellschaft die Herstellung eines Schienenweges von der Rigaer Station bis Mühlgraben, 2. vom Börsen-Comité die Ausführung der benöthigten Stromvertiefungsarbeiten und 3. von der Stadtverwaltung gegen Bezug der Schiffsabgaben, die Errichtung der in dem neuen Hafen erforderlichen Ufereinfassungen und Bollwerke. Diese Propositionen fanden im Verlaufe eines weiteren officiellen Gedankenaustausches die Zustimmung der erwähnten drei Betheiligten und gelangten in der Folge zu einer allseitig befriedigenden Ausführung.

Der livländischen Medicinalverwaltung war amtlich eröffnet worden, dass das Ministerium des Innern die Absicht habe, in der Nähe Rigas eine grosse Central-Irrenanstalt zu errichten. In dieser Veranlassung wurde die Medicinalverwaltung beauftragt, für eine solche Anlage die geeignete Oertlichkeit zu ermitteln und die betreffenden Baupläne und Kostenanschläge genau und vollständig ausarbeiten zu lassen. Zur Erfüllung dieses Auftrage berief der Medicinalinspector Staatsrath Dr. Irmer eine Commission von Aerzten und Architekten, zu der ich als Vertreter der Stadt ebenfalls zugezogen wurde. Die Commission widmete sich der ihr gestellten Aufgabe mit einer um so ausgeprägteren Theilnahme und Regsamkeit, als eine den rationellen und menschenfreundlichen Anforderungen der Gegenwart entsprechende Heilanstalt für Geisteskranke, insbesondere für Unbemittelte, schon seit längerer Zeit ein tief empfundenes Bedürfniss der baltischen Provinzen war. Nachdem eine passende Localität gefunden und über die Modalitäten der baulichen Anlagen eine principielle Verständigung gewonnen war, wurde der einsichtsvolle Gouvernements-Architekt Hagen damit betraut, auf einer Reise ins Ausland die Gebäude der renommirtesten Irrenanstalten in Augenschein zu nehmen, um dann nach abermaliger Berathung mit der Commission, zur Ausarbeitung der Baupläne zu schreiten. Er entledigte sich dieser Aufträge in anerkennenswerther Weise; als aber die Projecte nebst den Kostenvorschlägen und Erläuterungen höheren Orts vorgelegt wurden, erhielt Staatsrath Irmer die Mittheilung, dass der Plan zur Errichtung einer Central-Irrenanstalt in den Ostseeprovinzen vorläufig wieder aufgegeben sei.

Der äusserst beengte und mangelhafte Zustand des Stadtgefängnisses war einer Abhülfe dringend bedürftig, und fast ebenso unabweislich schien eine Erweiterung der unzureichenden Behördenlocale für die Criminaldeputation und für das Polizeiamt. Der Rath verfügte demzufolge die Einsetzung einer Commission, um über einen Neubau in Berathung zu treten, der die erwähnten drei Zwecke umfassen sollte. Als geeigneten Bauplatz erkannte man einstimmig das freie Terrain zwischen der Gasanstalt und der Jacobskaserne mit Inbegriff der letzteren, die alsdann abzutragen wäre. Eine vom Stadt-Architekten Felsko entworfene Bauskizze bezeichnete das besagte Areal als ausreichend. Die weiteren Schritte zur Realisirung des Projects mussten jedoch in Erwartung von maassgebenden Bestimmungen durch die bevorstehende Justizreform vertagt werden. Der General-Gouverneur Graf Baranow berief mich als Mitglied der Commission zu einer mündlichen Berichterstattung und eingehenden Besprechung der allerdings besonders dringlichen Gefängnissbaufrage.

Einer Aufforderung des Börsen-Comités folgend, trat ich im Jahre 1864 einer Commission bei, die sich gutachtlich über eine höheren Orts in Aussicht genommene Revision des Zolltarifs äussern sollte. Aus den Berathungen dieser Commission ging eine Denkschrift hervor, die im folgenden Jahre mit der Beistimmung des Börsen-Comités dem Finanzministerium mitgetheilt und von letzterem veröffentlicht wurde. Mit gebührender Berücksichtigung der concreten wirthschaftlichen Verhältnisse des russischen Reichs hatte die Commission sich von allen doctrinären Auffassungen emancipirt und demzufolge befürwortet: 1. die Aufhebung der zu Gunsten der Landesgrenze bestehenden Differenzialzölle; 2. die Ermässigung der Eingangszölle auf Colonialwaaren, Rohstoffe und Halbfabrikate; 3. die Regulirung der Zollsätze für ausländische Industrieerzeugnisse nach Maassgabe des zur Erhaltung des inländischen Gewerbefleisses nöthigsten Schutzes, ohne jedoch die fremde Concurrenz gänzlich auszuschliessen. — Dass das Börsen-Comité bei dieser Gelegenheit nicht unbedingt das blendende Schlagwort »Freihandel« auf seine Fahne schrieb, brachte ihm von einem Theile der Presse einige Sticheleien und leise Verhöhnungen seines volkswirthschaftlichen Standpunktes ein; aber abgesehen von der Meinungsverschiedenheit über den praktischen Werth einer absoluten Freihandelstheorie wäre es gewiss nicht klug gewesen, mit einem Gutachten aufzutreten, dessen radicale Tendenzen demselben ohne Zweifel das Schicksal bereitet haben würden, ganz unberücksichtigt bei Seite gelegt zu werden.

Im Jahre 1865 wurde auf Anregung des Börsen-Comités eine Commission begründet, die den Auftrag erhielt, in zweckmässigster Weise eine Schienenverbindung der bebauten und noch zu bebauenden Partien des Ambarenrayons mit dem Bahnhofe und mit dem Hafen zu projectiren. Die Commission bestand aus dem Präses der Riga-Dünaburger Eisenbahndirection J. von Cube, dem Präses des Börsen-Comités James Armitstead und mir, hatte zum Beirath mehrere Techniker und als Schriftführer H. von Stein. Das Ergebniss unserer Berathungen war ein detaillirter Plan für die Einrichtung der neuen Ambarengruppen einschliesslich deren Bebauung nebst Erläuterungen und Motiven. — Als eine Frucht der Vorarbeiten dieser Commission erstand unter den Auspicien des Börsen-Comités die Actiengesellschaft für Central-Waaren-Depots in Riga, deren Statuten am 20. Januar 1867 Allerhöchst bestätigt wurden. Die Gesellschaft errichtete sieben grosse massive Speicher.

Da ich mich stets für eine systematische Fortbildung der örtlichen Statistik interessirt hatte, so übertrug mir das Börsen-Comité den Vorsitz in der von ihm im Jahre 1866 gegründeten handelsstatistischen Section. Sie hatte neben den durch ihren Namen bezeichneten speciellen Aufgaben die weitere Bestimmung, als integrirender Theil des städtischen statistischen Comités bei dessen Arbeiten mitzuwirken, und demzufolge zunächst sich mit den Vorbereitungen für die auf Anordnung des Raths im Jahre 1867 vorzunehmende Volkszählung zu beschäftigen. Von den selbständigen Bestrebungen meiner Section gaben die umfangreichen Arbeiten Zeugniss, die sie in den folgenden Jahren über den Handel, die Schifffahrt und die Industrie Rigas veröffentlichte. — Secretär, sowohl des städtischen statistischen Comités, wie der handelsstatistischen Section war der unermüdliche und um die Begründung der Statistik in Riga und Livland hochverdiente Friedrich von Jung-Stilling.

In demselben Jahre lenkte ich in einer schriftlichen Eingabe die Aufmerksamkeit des Raths auf die Gefahren, womit die Gesundheitsverhältnisse der Stadt durch die Verunreinigung des neuen Stadtcanals bedroht wurden. Es war nämlich entdeckt worden, dass man mit Erfolg den Versuch gemacht hatte, die Unreinlichkeiten aus dem Innern der Häuser vermittelst nicht controllirbarer unterirdischer Leitungen dem Canal zuzuführen; ein Missbrauch, der sich mit der Zeit unfehlbar, nach Art des alten Risnigsgrabens, zu einem Infectionsherde für die Stadt gestalten musste. Mein Antrag auf energische und durchgreifende Vorkehrungen zur Abwehr eines so gemeinschädlichen Verfahrens fand zwar die Billigung des Raths, collidirte aber im weiteren Fortgange der Verhandlungen mit den widerstrebenden Privatinteressen einzelner Hausbesitzer, so dass eine meinen Intentionen nur leidlich entsprechende Verordnung erst am 4. Januar 1868 von der Gouvernementsobrigkeit bestätigt und publicirt wurde.

XVI.

Unter den mannigfachen gemeinnützigen Anregungen dieser Zeit spielten, wie zu erwarten stand, die Eisenbahnprojecte eine bemerkenswerthe Rolle.

Aufgefordert von meinen Freunden Reinhold Pychlau und Adolf Thilo trat ich im Jahre 1866 einem Consortium bei, das sich den Bau einer Eisenbahn von Riga nach Mitau zum Ziel gesetzt hatte. Zur Herstellung dieses, nicht nur von der Geschäftswelt, sondern auch vom grossen Publikum, besonders in Kurland lebhaft ersehnten Schienenweges, hatten andere Unternehmer schon vor zehn Jahren einen Anlauf genommen, der aber ohne Erfolg geblieben war. Indem ich mich den erneuerten Bestrebungen für das Zustandekommen dieser Bahn mit Eifer anschloss, betheiligte ich mich bei allen Deliberationen und Maassnahmen des Consortiums um so freudiger, als sich seit dem Wechsel des Oberdirigirenden der Wegeverbindungen und öffentlichen Bauten günstigere Perspectiven für private Eisenbahnunternehmungen eröffnet hatten. Nach den nöthigen Vorstudien im Terrain wurden die Pläne, Projecte und Kostenanschläge von unserm jungen und strebsamen Ingenieur John Pander mit grosser Tüchtigkeit ausgearbeitet und in den Versammlungen der vom Consortium hinzugezogenen provisorischen Actienzeichner erläutert und begründet. Die Vertretung des Projects bei den Centralstellen in St. Petersburg übernahmen als Mandatare des Consortiums deren Mitglieder: Baron Edmund von Hahn-Postenden, Adolf Thilo und Consul A. von Heimann, letzterer weiterhin als alleiniger Repräsentant. Nachdem die erforderlichen Verständigungen mit den Ministerien der öffentlichen Bauten und der Finanzen erreicht waren, wurde am 7. Juni 1867 die Allerhöchste Bestätigung des Statuts der Riga-Mitauer Eisenbahngesellschaft ausgesprochen. Darnach übernahm der Staat eine annuelle Garantie von 5 pCt. Zinsen und $^1/_{12}$ pCt. Tilgung auf das zu 2,652,000 Silberrubel (oder 68,000 R. per Werst) berechnete Anlagecapital, wovon $1^1/_2$ Millionen durch Actien, der Rest durch Obligationen repräsentirt wurde. Unmittelbar darauf constituirte sich die Gesellschaft und erwählte in ihrer ersten

Generalversammlung als Directoren die Herren v. Heimann, Eugen Schnakenburg und Nipp, als Glieder des Aufsichtsraths: Thilo, Pychlau, Baron Heyking und mich. Dank den bereits vom Consortium getroffenen Einleitungen konnte ohne Zeitverlust zum Bau der Linie geschritten werden. Wir liessen uns dabei auf alle Weise angelegen sein, die Bahn in jeder Beziehung auf das solideste herzustellen und den Fortgang der Arbeiten nach Möglichkeit zu beschleunigen; hatten schliesslich auch die Genugthuung, dass die vom Minister der öffentlichen Bauten zur Revision abgeordneten sachverständigen Ingenieure, sowohl die gesammte Bauausführung, wie das rollende Inventar für mustergültig erklärten. Schon im November 1868 konnte der Betrieb auf dieser $39^1/_3$ Werst langen Linie eröffnet werden.

Als Präses der Direction bemühte sich hierauf Consul Heimann für die Gesellschaft eine Concession zur Verlängerung der Bahn nach Schaulen zu erwerben. Wie begründet es scheinen mochte, gerade auf diesem Brennpunkte des litthauischen Handels mit der Libau-Koschedarischen Linie in Verbindung zu kommen, so misslangen doch alle dahin gerichteten Bestrebungen. In den entscheidenden hohen Instanzen begünstigte man dagegen einen Anschluss bei der Station Moscheiki, und nach langen Zwischenverhandlungen sah die Gesellschaft sich genöthigt, diese Alternative anzunehmen. Die obrigkeitliche Genehmigung erfolgte nun unter analogen Bedingungen wie für die Stammbahn. Ebenso wie diese, ist auch die Strecke Mitau-Moscheiki, circa 90 Werst, unter der reellen Bauleitung des Ingenieurs Pander zur höchsten Befriedigung ausgeführt, sie wurde im Herbst 1875 dem Verkehr übergeben.

Schon in der Erwartung, dass die Mitauer Bahn verlängert werden würde, erwog der Börsen-Comité das Nutzenbringende einer directen Verbindung der beiden Linien, welche auf dem rechten und auf dem linken Dünaufer unsern Handelsverkehr vermitteln, und beschloss demzufolge auf Grund einer sorgfältig zu bewirkenden Untersuchung des Flussbettes, das Project und Präliminare für eine combinirte Eisenbahn- und Fahrbrücke über die Düna entwerfen zu lassen. Die Arbeit wurde dem genialen und verlässlichen Professor Bessard übertragen, der neben Besprechungen mit einer Commission, der ich angehörte, und mit Zuziehung der technischen Kräfte des Polytechnicums den übernommenen Auftrag in der allerrühmlichsten Weise vollführte. Ein weiterer Plan, auf der Basis seiner wohldurchdachten Entwürfe, ein Consortium zur Herstellung der Brücke zu bilden, scheiterte an der Concurrenz einer von Herrn Henry Robinson gegründeten Actiengesellschaft, die den Bau zwar zu einem niedrigeren Kostenpreise übernahm, dafür aber das Bessardsche Project in constructiver Hinsicht wesentlich beschnitt und namentlich die permanente Fahrbahn für den privaten Wagenverkehr in Wegfall brachte. Wenn dieser Brückenbau Einiges zu wünschen übrig liess, so erklärt sich dies daraus, dass das Robinsonsche Project in aller Form obrigkeitlich bestätigt wurde, ohne dass die Stadtverwaltung und das Börsen-Comité Gelegenheit gefunden hatten, gutachtliche Aeusserungen darüber zu verlautbaren. — Im Zusammenhange mit dem Brückenbau übernahm dieselbe Actiengesellschaft die Errichtung und Exploitation einer Eisenbahn von Riga nach Bolderaa, wo als Endpunkt der Linie ein Hafen- und Dammbau projectirt war. Die Betriebseröffnung auf der Strecke von Riga bis Bolderaa erfolgte am 1. Januar 1873 und bis zu dem inzwischen hergestellten Hafendamme am 11. December desselben Jahres.

Für die hocherwünschte Schienenlegung in nördlichen Richtung interessirte sich in erster Reihe Herr Herrmann von Samson-Urbs, als Patriot und Sachverständiger. Unter Assistenz eines Fachgenossen, des Ingenieurs Leo von Rohland, und gestützt auf eingehende Terrainstudien, entwarf er ein vollständiges Project nebst Kostencalcul für eine Eisenbahn Riga-Wolmar-Walk-Dorpat, und überreichte die werthvolle Arbeit der Kaiserlich livländischenökonomischen Societät. Diese wandte sich hierauf im Juni 1867 an den Rathsherr Faltin und mich mit der Aufforderung, einer Commission beizutreten, welche im Uebrigen aus sachkundigen Technikern bestand und das Project begutachten sollte. Nach einer allseitigen und umsichtigen Prüfung, und nachdem Professor Bessard und Ober-Ingenieur Becker die vorgeschlagene Linienrichtung bereist und in der Natur erforscht hatten, konnten wir nicht umhin, dem Projecte mit voller Anerkennung beizupflichten.

Auf dem Landtage von 1869 standen die beiden Eisenbahnprojecte: Riga-Wolmar-Walck-Dorpat und Riga-Wolmar-Walck-Werro-Pleskau und etwa für dieselben aus Landesmitteln zu bewilligende Subventionen auf der Tagesordnung. Ich entschloss mich für das erstgenannte Project zu plaidiren, indem ich vorausschickte, dass Riga ohne Zweifel jede neue Eisenbahnverbindung mit Freuden begrüssen würde, dass indessen meiner Ueberzeugung nach eine Concession für das Project Riga-Pleskau vorderhand gar nicht zu erhoffen wäre, da diese Linie sich als eine entschiedene Concurrentin der vom Staate subventionirten Strecke Riga-Dünaburg-Pleskau darstelle, und ferner der einflussreichen grossen russischen Eisenbahngesellschaft von wegen ihres Tracts Pleskau-Dünaburg ein Dorn im Auge sein würde. Ausserdem aber liessen sich von höheren, culturellen und wirthschaftlichen Gesichtspunkten aus überwiegende Motive zu Gunsten des Projects Riga-Dorpat anführen. Für den Verkehr unserer Ostseeprovinzen mit dem Innern des Reichs seien bereits drei Eisenbahnen vorhanden oder im Bau begriffen, nämlich Riga-Dünaburg, Reval-Petersburg und Libau-Kowno; dagegen existire bis jetzt keine einzige Linie, wodurch die baltischen Provinzen einander selbst näher gebracht würden. Erwäge man nun, das einerseits zwischen Libau-Mitau-Riga, und andererseits zwischen Dorpat und Reval Eisenbahnstrassen theils hergestellt, theils gesichert erscheinen, so verbleibe nur noch das Mittelglied Riga-Dorpat, um eine Linie zu erhalten, die im eminentesten Sinne die Bezeichnung einer baltischen Bahn verdiene, indem sie die drei Gouvernementsstädte, die drei bedeutendsten Seehäfen und die Landesuniversität mit einander verbinden würde. Eine solche Eisenbahn gewähre auch die besten Aussichten auf Rentabilität und Hebung der productiven Kräfte der Provinzen, da sie nicht allein die bevölkertsten Districte durchschneiden, sondern auch vermöge ihrer centralen Lage die geeignetste Achse für den Anschluss von Zweigbahnen darbieten würde. Als Zielpunkt für solche Zweigbahnen dürften dann zunächst Pleskau und Pernau in Frage kommen.

In der Versammlung sprach sich aber eine starke Fraction für das Project Riga-Pleskau aus, und nach einer längeren Discussion ging der Landtagsbeschluss dahin, dass der zu Stande kommenden Bahn, es sei nun der einen oder der anderen der erwähnten Linien, eine Subvention zu bewilligen sei. Diese Subvention sollte nach der Länge der Bahn und mit Berücksichtigung der demzufolge zu erwartenden Ersparnisse der Landescassa bei der Unterhaltung der Poststationen bemessen werden.

Ungeachtet, dass bei diesem Anlass die capitale Bedeutung einer livländischen Eisenbahn für eine gedeihliche Weiterentwickelung der Provinz von allen Seiten anerkannt und geltend gemacht wurde, hat die Angelegenheit seitdem leider keine Fortschritte gemacht.

XVII.

Ich nähere mich jetzt einem neuen Abschnitte meiner öffentlichen Thätigkeit.

Die financielle Lage der Rigaschen Stadt-Cassa war in den letzten Jahren eine immer bedenklichere geworden. Nachdem das Stadt-Cassa-Collegium, um aus seinen Verlegenheiten herauszukommen, mehrmals die Intervention des Raths in Anspruch genommen hatte, setzte derselbe im Jahre 1862 eine besondere Commission ein, welche die Mittel zur Aufhülfe der Stadtökonomie in Erwägung ziehen und demgemäss Vorschläge einbringen sollte. In dieser Commission beantragte ich die Einführung einer mässig bemessenen classifizirten Communal-Einkommensteuer und rechtfertigte dieselbe, neben den bekannten rationellen Gründen, noch mit dem Umstande, dass bis dahin in Riga eine Personalsteuer bestehe, die einen geringen Ertrag liefere und ungerechterweise nur von dem weniger bemittelten Theile der Stadtbewohner, den sog. Unbemittelten, getragen werde. Ich bewies, dass diese Steuer ihrem eigensten Wesen nach eine Art von Strafgeld sei, das man den Betroffenen dafür auferlege, dass sie keine Immobilien besitzen, während die Immobiliarsteuer zwar von den Hausbesitzern beigebracht, aber in Wahrheit nicht von ihnen persönlich getragen, sondern auf den Miethzins abgewälzt werde. Anstatt einer solchen nicht zu rechtfertigenden Besteuerung der Unbesitzlichen, müsste eine allgemeine persönliche, am richtigsten eine nach den ökonomischen Verhältnissen bemessene, also eine Einkommensteuer Platz greifen. Die Commission stimmte mir zunächst im Princip, dann auch den Details meines Projects bei, worauf im weiteren Verlaufe der hierüber vom Rathe eingeleiteten Verhandlungen, sowohl die Stände der Stadt, als die Majorität der Gouvernementsverwaltung sich mit der Proposition einverstanden erklärten. Sie stiess aber ausserhalb der bürgerlichen Kreise und bei dem derzeitigen Gouvernementschef auf Widerspruch und wurde, nach verschiedenen Intermezzos, 1865 vom Ministerium des Innern abschläglich beschieden.

Unter dem verstimmenden Eindrucke dieses Misserfolges trat nunmehr nach Anordnung des Raths eine neue aus Gliedern desselben und der beiden Gilden gebildete sog. ständische Finanz-Commission ins Leben, welche die Lage der Stadt-Cassa genau untersuchen und anderweitige geeignete Mittel angeben sollte, um den Credit und die Zahlungsfähigkeit derselben aufrechtzuerhalten. Aus unserer Enquete ergab sich, dass die Stadt-Cassa in der letzten Zeit mit einem durchschnittlich jährlichen Deficit von 52 m. Rubel operirt und neben den in den Jahren 1861 bis 1866 aufgenommenen consolidirten Anleihen sich in eine stetig anschwellende schwebende Schuld verwickelt hatte. Als Glied der Commission erhielt ich den Auftrag, die ermittelten Verhältnisse in einem ausführlichen Berichte darzulegen, der dem Rathe und den Gilden mitgetheilt und veröffentlicht wurde. Um der immer näher rückenden Gefahr einer Stockung im städtischen Haushalte vorzubeugen, befürwortete die Commission unter Anderem und als Wesentlichstes die Einführung einer von den Handel- und Gewerbetreibenden und von den im Stadtverbande stehenden Beamten und Literaten zu erhebenden persönlichen Stadtabgabe, welchem Nothbehelfe die Stände und die Gouvernementsverwaltung beistimmten. Der Minister des Innern konnte sich aber — und mit Recht — nicht damit einverstanden erklären, dass nur ein verhältnissmässig kleiner Theil der örtlichen Einwohnerschaft belastet werden sollte, sondern empfahl statt dessen eine Besteuerung der Immobilien, um, sei es nun direct oder indirect, alle Stadtbewohner zur Tragung der Gemeindelasten heranzuziehen. In Uebereinstimmung hiermit beschlossen die Stände im December 1867 eine ausserordentliche Immobiliensteuer von $^1/_4$ pCt. des Capitalwerthes vorläufig auf drei Jahre einzuführen. Man calculirte hieraus auf eine dem jährlichen Deficit einigermaassen nahe kommende Revenue; jedoch sollten die Steuern der sog. Unbesitzliehen fortan nicht mehr erhoben werden.

Im October 1866 erhielten Bürgermeister Otto Müller und ich die Berufung des Raths, als dessen Repräsentanten in das Cassa-Collegium einzutreten. Ich musste also meinen Sitz im Wettgericht verlassen, den ich seit 12 Jahren mit um so grösserer Befriedigung innegehabt hatte, als zwischen mir und meinen dortigen Collegen stets ein ungetrübtes und wahrhaft freundschaftliches Verhältniss bestanden hatte. Das Scheiden aus dem Wettgerichte stimmte mich um so ernster, da ich wohl voraussehen konnte, wie schwierig die Aufgabe war, deren Lösung man von Müller und mir im Cassa-Collegium erwartete. Wir waren daselbst auch kaum installirt, als die ohnehin so hart bedrängte Stadt-Cassa von einem neuen unerwarteten Schlage bedroht wurde.

Durch seine Verbindungen in der Residenz hatte der derzeitige Präses des Börsen-Comités James Armitstead in Erfahrung gebracht, dass der Reichsrath auf Antrag des Finanzministers den Beschluss gefasst habe, alle Abgaben und Beisteuern, welche das Börsen-Comité und die Stadt-Cassa bis hiezu gesetzmässig vom Handel und von der Schifffahrt bezogen hatten*), fortan und ohne irgend welchen Ersatz wegfallen sollten. So unglaublich es anfangs scheinen mochte, dass der Reichsrath einen solchen Beschluss hätte fassen können, ohne zuvor die Nächstbetheiligten, die Stadtverwaltung und den Börsen-Comité, auch nur hören zu wollen, so hatte die Sache doch ihre vollkommene Richtigkeit. Das betreffende Reichsrathsgutachten war ausgesprochen, aber zum Glück noch nicht der Bestätigung Kaiserlicher Majestät unterbreitet worden. Wäre diese erfolgt, so hätte die Stadtverwaltung eine jährliche Einbusse von etwa 100 m. Rubel erlitten und das Börsen-Comité wäre aller und jeder Mittel beraubt gewesen, um sich und seine gemeinnützigen Handelsinstitutionen zu erhalten und die dafür contrahirten Anleihen zu verzinsen. Es handelte sich somit im vollen Sinne des Worts für den Börsen-Comité um eine Lebensfrage und fast nicht minder für die Stadt-Cassa. Um die drohende Gefahr abzuwenden, begab sich im November eine Deputation des Börsen-Comités — Präses James Armitstead, Consul A. Heimann und Schriftführer v. Stein — nach St. Petersburg, der ich mich im Auftrage des Raths zur Wahrnehmung der Interessen der Stadt anschloss. Nachdem wir uns über die zu erstrebenden Ziele mit einander verständigt hatten, verbanden wir uns zu einem gemeinsamen Vorgehen und zu gegenseitiger Unterstützung unserer Anliegen. Zur Be-

*) Es waren folgende:

1. für die Stadt:
   a) vom Ex- und Import 1/4 pCt. sog. Bewilligungsgelder;
   b) von den Schiffen: die Lastensteuer, die Brücken-Steg-Kojen- und Bewilligungsgelder.
2. für den Börsen-Comité:
   a) vom Ex- und Import ebenfalls 1/4 pCt. Bewilligungsgelder;
   b) von den Schiffen: die sog. Bolderaaschen Unkosten, Krankenhausgelder etc.
3. für philantropische Zwecke:
   a) vom Ex- und Import: 1/8 pCt. Armengelder zum Besten des kaufmännischen Unterstützungsfonds, des britischen Kirchen- und Armenfonds und des städtischen Armendirectoriums;
   b) von den Schiffen: verschiedene kleine Abgaben zum Besten des Waisenhauses und der Kirchen und Hospitäler.

gründung der Ansprüche der Stadt auf eine unverkümmerte Beibehaltung der in Rede stehenden Intraden hatte ich in Eile ein Exposé entworfen, worin ich auf Grund statistischer Ermittelungen ziffermässig nachwies, dass die vom Handel und von der Schifffahrt erhobenen Abgaben wiederum vollauf zum Besten des Handels und der Schifffahrt zur Verwendung kamen. Die Stadt bestritt damit die Ausgaben für die Herstellung und Remonte der Lösch- und Ladeplätze, der Kojen, Brücken und Schiffstege, imgleichen die Unterhaltung der lediglich zum Nutzen des Commerciums bestehenden Behörden der Handelsjustiz, der Handels- und der Flusspolizei. Mehr als auf alle unsere Argumentationen vertrauten wir indess auf den glücklichen Umstand, dass wir uns nicht nur der vollen Unterstützung unsers eben in der Residenz weilenden General-Gouverneurs Albedinski, sondern auch der warmen und einflussreichen Verwendung unseres früheren General-Gouverneurs Grafen Schuwallow als Mitglied des Reichsraths zu vertrösten hatten. Daneben unterliessen wir nicht die gebührenden Schritte zu thun, um in weiteren massgebenden Kreisen eine günstige Beurtheilung unserer Petita hervorzurufen. Nachdem wir uns vierzehn Tage der Angelegenheit gewidmet hatten, wurden wir angewiesen, vorerst nach Riga zurückzukehren, und erhielten die Zusicherung, dass wir zur Verhandlung der Sache rechtzeitig wieder nach St. Petersburg berufen werden würden. Bei dieser zweiten Reise, die im Februar 1867 stattfand, war das Börsen-Comité durch die Herren von Heimann und von Stein vertreten. Graf Schuwallow und General Albedinski empfingen uns mit dem alten Wohlwollen und bethätigten sich bald in der freundlichsten Weise für unsere Angelegenheit. Es waren indessen noch mannigfache Schwierigkeiten und Behinderungen zu überwinden, bis endlich zur Erledigung der Sache eine vom General Tschewkin präsidirte Sitzung des Oekonomie-Departements des Reichsraths abgehalten wurde, an der ausser den Gliedern des Departements die Herren Minister Walujew und Reutern, und die General-Adjutanten Graf Schuwallow, Baron Lieven und Albedinski berathend theilnahmen. Zur Beantwortung einiger an unsere Deputation zu richtende Fragen hatten wir einen kurzen Vortritt und erfuhren später, dass lange und zähe Debatten stattgefunden, aber schliesslich einen für uns günstigen Ausgang genommen hätten. Bei der Redaction des Sitzungsprotocolls ergaben sich demungeachtet Differenzen, die alles vermeintlich Errungene wieder zu verkümmern und die Zwecke unserer Mission fast vollständig zu vereiteln drohten. Diese unsere letzten und schwersten Besorgnisse zerstreute jedoch Graf Schuwallow durch sein energisches Eintreten für die richtige Wiedergabe der gefassten Beschlüsse, so dass wir am 14. März, nach einem fünfwöchentlichen Hangen und Bangen, die Gestade der Newa verlassen konnten. Wir verabschiedeten uns von unsern hohen Gönnern mit einer um so tiefer empfundenen Dankbarkeit, als wir wohl einsehen mussten, dass es ohne solche Protection ganz unmöglich gewesen wäre, in dieser misslichen Sache zu befriedigenden Ergebnissen zu gelangen. Wir hatten Alles erreicht, was wir nach Beschaffenheit der Umstände nur irgendwie verständigerweise hoffen und erwarten konnten. Die ohnehin schwer zu rechtfertigende Besteuerung des überseeischen Handels für philantropische Zwecke blieb zwar, dem bereits ausgesprochenen Beschlusse des Reichsraths gemäss, abgeschafft; dagegen wurden aber die übrigen Bezüge, sowohl der Stadt, wie des Börsen-Comités, mit wenig empfindlichen Reductionen aufrecht erhalten. Aus der von mir beantragten Umwandlung der bisher für kleinere Schiffe sehr drückend fixirten Abgaben, in eine ihrer Grösse proportionale Lastensteuer à 23 Copeken*), liess sich, bei der herrschenden Tendenz die Schiffe immer grösser zu bauen, sogar mit der Zeit eine Verbesserung dieses Einkommens der Stadt erhoffen.

Mit Beziehung auf diese, einst unsere Stadtverwaltung und Börse im höchsten Grade beunruhigende Angelegenheit, kann

*) Die vorerwähnten statistischen Nachweise ergaben, dass die Ausgaben der Stadt für Uferbefestigungen, Kojen, Brücken, Schleussen, Stege- und Flusspolizei, nach einem Durchschnitte der letzten 10 Jahre sich auf 23 Copeken per Schiffslast herausstellten. Zur Erläuterung überreichte ich bei der zweiten Mission das Translat eines von mir zu diesem Zwecke im Stadtblatte vom 31. December 1866 veröffentlichten Aufsatzes über das Strom- und Uferwesen in Riga.

ich nicht unausgesprochen lassen, dass die auf eine Befreiung von belästigenden Steuern abzielenden Anträge des Finanzministers im Princip alle Anerkennung verdienen, und dass man Ursache hat, Herrn von Reutern dafür dankbar zu sein, dass bei dieser Gelegenheit die alten Schiffsabgaben zum Besten der Krone und ihrer Offizianten gestrichen wurden. Ohne Zweifel wäre eine Beseitigung der Abgaben an die Stadt und an den Börsen-Comité nicht minder wünschenswerth gewesen, aber freilich nur unter der Voraussetzung eines Ersatzes aus anderen Quellen. In Ermangelung dessen hätte die Aufhebung der von uns vertretenen Beisteuern sich als gleichbedeutend erwiesen mit einem Zusammenbruche aller derjenigen örtlichen Institutionen und Vorkehrungen, welche den Zweck und die Wirkung haben, die Bewegungen des Handels und der Schifffahrt zu erleichtern, zu befördern und sicherzustellen.

Weniger glücklich als bei den Handels- und Schifffahrtsabgaben war die Stadt bei der, unter geneigter Vermittelung der Gouvernementsverwaltung, standhaft betriebenen Vertheidigung zweier andern alten und bedeutenden Communalintraden: der Zollentschädigung und der Accise.

Bei der Capitulation Rigas im Jahre 1710 war der Stadt, wie unter den früheren Regenten, so auch unter der russischen Oberherrschaft der fortwährende Genuss eines halben Antheils von den Zollgefällen zugesichert worden. Durch Kaiserliche Ukase wurde dieser Antheil im Jahre 1782 auf 102,000 Silberrubel, dann auf ebensoviele Bancorubel, d. h. auf 29,142 Silberrubel reducirt; dann wurde eine weitere jährliche Verminderung dieser Summe um den zehnten Theil decretirt, derzufolge die Entschädigung im Jahre 1875 nur noch 2914 Rubel betrug. Schliesslich fiel sie ganz weg.

Dasselbe Schicksal hatte die Accise. Seit den ältesten Zeiten war den Städten Livlands das Recht zur Erhebung einer Abgabe von den zur örtlichen Consumtion kommenden Spirituosen durch eine Reihe von Staats- und Regierungsacten zuerkannt, und erfloss hieraus für die öffentlichen Cassen Rigas eine jährliche Revenue von etwa 44 m. Silberrubel. Mit der Einführung des neuen allgemeinen Getränksteuer-Reglements vom Jahre 1862, wurde diese Stadtaccise unter Hinweis auf die bevorstehende Entschädigung aus dem Reichsschatze aufgehoben. Das Resultat der langen Verhandlungen war, dass der Stadt für das Jahr 1867 ein Ersatz von 24,453 Rubel zugebilligt wurde, für die folgenden Jahre aber stufenweise weniger und also im Jahre 1876 zum letzten Male ein Betrag von Rub. 2445, 30 Co.

XVIII.

In den Tagen des 14. bis 17. Juni 1867 wurde Riga durch die Anwesenheit S. M. des Kaisers beglückt. Ich war bei dem Empfange auf dem Bahnhofe zugegen und Zeuge der allgemeinen, nicht endenwollenden Freudenrufe der Bevölkerung, hatte aber das Missgeschick, an den folgenden Tagen krankheitshalber das Zimmer nicht verlassen zu können. Ich musste mich damit begnügen, dass man mir über die vielen Huldigungen berichtete, die dem gefeierten Monarchen dargebracht wurden. An denselben hätte ich so gerne theilgenommen.

Bald nach meiner Genesung erkrankte Bürgermeister Otto Müller am Nervenfieber, wahrscheinlich in Folge der grossen und aufreibenden Anstrengungen in seinem amtlichen Berufe. Ich habe bereits erwähnt, wie dieser hochverdiente und gesinnungsfeste Patriot in der vollen Kraft seiner Jahre uns durch den Tod entrissen wurde. Sein Verlust erfüllte gerechterweise die Stadt mit einer Trauer, die von allen guten Bürgern getheilt, und am tiefsten in dem Kreise seiner, mit ihm für das Gemeinwohl wirkenden Collegen und Freunde empfunden wurde.

Am 21. Juli wurde ich an Müllers Stelle zum Bürgermeister und hierauf zum Vice-Präses des Raths und Präses des Stadt-Cassa-Collegiums erwählt und übernahm auch einige andere, mit diesen Aemtern verbundenen Functionen*).

*) Ueberhaupt hatte ich von dieser Zeit ab folgende Aemter und amtliche Verpflichtungen:

das Vice-Präsidium im Rath;

das Präsidium im Stadt-Cassa-Collegium, in der Stadt-Schuldentilgungs-

Eine Rückschau auf das Wirken und Schaffen der obersten Stadtbehörde dürfte — soweit es nicht bereits geschehen — hier ihren Platz finden.

Der Aufschwung, dessen sich die Stadt seit dem Krimkriege in allen Zweigen geschäftlicher Thätigkeit erfreute und die damit zusammenhängende rapide Steigerung der Einwohnerzahl*), hatte eine ausserordentliche Erweiterung auf die dienstlichen Pflichten des Raths zur Folge. Am auffälligsten mehrten sich die Arbeiten auf dem Gebiete der Rechtspflege und geboten eine hochgradige Anspannung der juridischen Kräfte des Collegiums. Die gesetzlich stipulirten Gerichtsferien wurden zwar allemal angekündigt, hatten aber für unsere rechtsgelehrten Amtsgenossen keine praktische Bedeutung, und selten genug konnte dem einen oder andern zur nöthigen Erholung ein kurzer Urlaub bewilligt werden.

Wenn auch in geringerem, doch immer noch erheblichem Maasse, machte sich eine Ausdehnung der administrativen Amtshandlungen bemerkbar. Sie erstreckte

---

Commission, in der Direction des Creditvereins der Hausbesitzer, im Verwaltungsrath des Polytechnicums, im Vorstadt-Anlagen-Comité, im Stadtgefängniss-Comité, in der handelsstatistischen Section, in der Direction der Rigaer Dampfschifffahrtsgesellschaft und in verschiedenen temporären Commissionen; mir war ferner übertragen:

die Oberinspection der Stadtgebäude und Communalbauten, der Dämme und Wege, der Poststationen Riga und Olai, des Comptoirs zur Erhebung der Handels- und Schifffahrtsabgaben, der Stiftung Kirchen-Ordnung, die Revision der Sparcassa. Zu der Zeit war ich ferner Abgeordneter der Stadt bei den livländischen Landtagen, cassaführender Administrator der beiden Wittwen- und Waisenstiftungen des Raths, Mitglied des berathenden Comités der Riga-Dünaburger Eisenbahngesellschaft und des Aufsichtsraths der Riga-Mitauer Eisenbahngesellschaft, der Deputation der Zweiten Gesellschaft gegenseitigen Credits, des Haupt-Comités der kirchlichen Armenpflege und mehrerer kleinerer Stiftungen und Administrationen.

Mein kaufmännisches Geschäft hatte ich allmälig, und zwar schon 1863 vollständig aufgegeben.

*) Nach einer Berechnung zu Ende des Jahres 1859 hatte Riga 73,303 Einwohner; die vom statistischen Comité geleitete exacte Volkszählung am 3. März 1867 ergab eine Ziffer von 102,043.

sich auf die verschiedensten Fragen und Gegenstände, wie sie zur Wahrung und Beförderung allgemeiner Wohlfahrt in jedem grösseren Gemeinwesen vorzukommen pflegen, jetzt aber in einer Periode vielseitiger Entwickelung und kühner Fortschrittsbestrebungen erheblich umfangreicher auftauchten. Ich verweise in dieser Beziehung auf die an andern Stellen in diesen Blättern zur Sprache gebrachten municipalen Unternehmungen und Reformen; möchte aber doch noch einige — freilich nur der Erinnerung entnommene und darum sehr lückenhafte — Andeutungen hinzufügen. Sie betreffen Anordnungen, welche theils vom Rathe allein ausgingen, theils unter seiner Mitwirkung zu Stande kamen, oder endlich von ihm als Stadtobrigkeit, soweit seine Competenz reichte, unterstützt und begünstigt wurden.

In Sachen der Kirchen und Schulen erfolgten: die Constituirung der neuen Trinitatisgemeinde, der Neubau der Gertrudkirche, die Freilegung der Stadtkirchen von entstellenden Anbauten, die Erweiterung der Begräbnissplätze, der Bau einer Friedhofscapelle, die Consolidirung der Stiftung »Kirchenordnung«, die Gründung eines Realgymnasiums und mehrerer Elementarschulen, die Creirung des Amtes eines Stadtschulen-Directors. Neben zweckmässiger Neuordnung wurde die Benutzung der Stadtbibliothek erleichtert, die Herausgabe geschichtlicher Actenstücke aus dem Rathsarchiv subventionirt. Ein den darstellenden Künsten gewidmetes Theater wurde auf Kosten der Stände erbaut und der Verwaltung ihrer Organe unterstellt. Für die Steuerverwaltung wurde ein neues Gebäude errichtet und ein Stockwerk desselben dem Museum eingeräumt. Verschiedene ältere Institute wurden einer zeitgemässen Reform unterzogen, darunter das Quartierwesen, ein Verdienst des Rathsherrn Arend Berckholtz, und die Verwaltung der Steuergemeinde auf Initiative des Rathsherrn August Hollander. Es entstanden verbesserte, auf geläuterten Principien beruhende gegenseitige Feuerversicherungen, die eine für die Stadt, die andere für die Vorstädte. Gewichtige Verhandlungen über das Getränksteuer- und Schenkereiwesen wurden zum definitiven Abschlusse gebracht. Nach einem von der Ritterschaft gegebenen Impulse zur Heranbildung eines selbständigen grundbesitzenden Bauernstandes, erwirkte der Rath die Allerhöchste Genehmigung zum Verkauf der zu den Stadtgütern gehörigen bäuerlichen Pachtstellen, indem gleichzeitig festgestellt wurde, dass die dafür eingehenden Summen capitalisirt und gelegentlich wieder in Landbesitz angelegt werden sollten. Im Interesse der öffentlichen Ordnung und Sicherheit, der Gesundheits- und Armenpflege, wurden mehrfache Anordnungen getroffen. Das Personal der Polizeiverwaltung wurde verstärkt, für die Polizeiabtheilung der Moskauer Vorstadt ein ansehnlicher Neubau aufgeführt, das Stadtgefängniss erweitert und ein besonderes Gebäude zur Aufnahme von Strafgefangenen eingerichtet. Das Lohnkutscherwesen erhielt eine das Publikum befriedigende Reorganisation. Im Einvernehmen mit den Gilden bewirkte der Rath eine den steigenden Bedürfnissen entsprechende Vermehrung der Einkünfte des Armendirectoriums. Die Localitäten der Armen- und Krankenhäuser wurden ausgebaut und besser ausgestattet, ein Zwangsarbeitshaus errichtet, ein Central-Comité für die Armenpflege gegründet. — Von den privaten und corporativen Schöpfungen, welche den patriotischen Regungen dieser Zeit ihr Entstehen verdanken, erwähne ich nur als vom Rath besonders sympathisch begrüsst und nach Möglichkeit gefördert: die Reimers'sche Augenheilanstalt, die von Dr. Brutzer begründete Anstalt für Geisteskranke in Rothenburg, die Kleinkinder-Bewahranstalt des Frauenvereins, den kräftig und verheissungsvoll emporblühenden Verein gegen das Betteln, die sofort trefflich sich bewährende freiwillige Feuerwehr, den Kunstverein, der Gewerbeverein, die landwirthschaftlichen und gewerblichen Ausstellungen*).

Neben den Verhandlungen über die vielen derzeitigen Neu- und Umgestaltungen wurden die administrativen Sitzungsstunden des Raths durch die laufenden Geschäfte ausgefüllt. Es ge-

*) Aus dieser Zeit datiren auch die von den andern Ständen erbauten neuen Versammlungshäuser. Der Bau der grossen Gilde (Architekt Beyne) wurde 1861, der Bau der St. Johannis-Gilde (Architekt Felsko) 1866 vollendet.

hörten dazu: die Vertretung und Wahrnehmung der verfassungsmässigen Rechte und Verpflichtungen in den Relationen mit den Staatsbehörden und den Mitständen; die Ueberwachung des gesammten örtlichen Verwaltungsdienstes und der damit betrauten Unterbehörden und Inspectionen; die Erörterung und Beschlussfassung über Anträge dieser Instanzen; die Prüfung und Erledigung von Beschwerden über dieselben; die Fürsorge für Kirchen und Schulen; die Ernennung der Prediger für die evangelischen Kirchen der Stadt, des Patrimonialgebiets und der Stadtgüter; die Anstellung bez. Bestätigung und Vereidigung der Communalbeamten; die Ertheilung des Bürgerrechts; die Administration und Controlle der öffentlichen und privaten gemeinnützigen und mildthätigen Stiftungen u. a. m.

Die Repräsentation des Raths nach Aussen und das Präsidium in dessen Sitzungen führte seit dem Jahre 1847 ununterbrochen der Bürgermeister Johann Christoph Schwartz, als wortführender Herr. Ein Patrizier im edelsten Sinne des Worts, waltete er seines wichtigen und schwierigen Amtes mit voller Hingebung und mit einer Befähigung und einem politischen Tacte, die ihm allseitige Anerkennung und Verehrung erwarben. Erst in den letzten Jahren wurde er durch hohes Alter und körperliches Leiden häufiger verhindert im Rathe zu erscheinen, so dass ich wiederholt veranlasst war, sowohl in den gewöhnlichen Sitzungen, wie an den offenbaren Rechtstagen seine Stelle zu vertreten und die Nachsicht meiner Collegen in Anspruch zu nehmen. Die dem alten würdigen Manne besonders schwerfallende Repräsentation fiel mir fast ausschliesslich zu*).

XIX.

Hauptsächlich war meine Thätigkeit dem Cassa-Collegium gewidmet. Als zweiter Delegirter des Raths trat hier der

*) Seine Entlassung aus dem Rathe nahm Schwartz gleichzeitig mit mir. Ich besuchte den leidenden Freund so oft ich nach Riga kam, Am 31. October 1873 reichte Schwartz mir von seinem Schmerzenslager aus zum letzten Male die Hand. Er starb am folgenden 23. November in einem Alter von 82 Jahren.

Rathsherr (nachmalige Bürgermeister) Robert Beck an meine Seite, um sich mit bekannter Umsicht und Gewissenhaftigkeit der Verwaltung im Allgemeinen und den Stadtgütern insbesondere zuzuwenden. Wenn es während meines Vorsitzes im Cassa-Collegium gelungen sein sollte, in der einen oder andern Richtung zu befriedigenden Resultaten zu kommen, so verdanke ich es der stets bereitwilligen Mitwirkung dieses Freundes und dem nie sich verleugnenden Patriotismus der Stadtältermänner Molien und Taube.

Um mit einigem Erfolge den Aufgaben gerecht zu werden, die hier meiner warteten, bedurfte es einer allseitigen und ins Einzelne gehenden Kenntnissnahme der verschiedenen Ressorts dieser vielumfassenden Verwaltung. Bei dem mir obliegenden Studium habe ich warm und gebührend anzuerkennen, dass die Beamten des Collegiums, insbesondere die ehrenwerthen, thätigen und geschäftskundigen höheren Offizianten, Secretär G. F. Hackel und Cassaführer, Aeltester A. Burmeister, mir mit ihren Auskünften und Nachweisungen stets zuvorkommend und unermüdlich an die Hand gingen.

Seit meiner Berufung in das Cassa-Collegium war mein Sinnen und Trachten darauf gerichtet, ein Balanciren der Einnahmen und Ausgaben in die Wege zu leiten, um sodann, als zweites Ziel, eine allmälige Tilgung der schwebenden Schuld ins Auge fassen zu können. Unter allen Umständen war also auf Vermehrung der Einkünfte und Ersparnisse bei den Ausgaben hinzuwirken.

Die Verbesserung der städtischen Einnahmen wurde zunächst durch aufmerksame und stramme Beitreibung aller der Stadt zukommenden laufenden und rückständigen Abgaben, Pachten, Miethen und sonstigen Revenuen angestrebt. Ausser der fortgesetzten Vergebung von Bauplätzen auf dem früheren Festungsrayon, wurde zu einer planmässigen Eintheilung und Zumessung von Bau- und Gartenplätzen in den entfernteren Theilen der Vorstädte, meistens in der Richtung der Sandberge, geschritten, woraus vermöge der Grundzinsen, neue und dauernde Einkünfte erzielt wurden. Hinsichtlich der Chausseesteuern und Brückengelder wurde das System der Verpachtung eingeführt und demzufolge nicht nur grössere Revenuen, sondern auch der wesentliche Vortheil erreicht, dass die Kosten der Erhebung und Controlle erspart wurden. Für die Verpachtung der Stadtgüter wurde nach den Vorschlägen des Stadtagronomen Malchau ein veränderter Modus aufgestellt, dessen Nutzen sich bei der Vergebung des Gutes Pinkenhof im Jahre 1869 bestens bewährte. Eine neue und steigende Einnahmequelle wurde dadurch eröffnet, dass solche Forstländereien, die sich zur landwirthschaftlichen Cultur eigneten, in zweckentsprechende Parcellen vermessen und verpachtet wurden. Dahin gehörten Moore und andere bis hiezu ganz ertraglose Terrains, welche allerdings zum Theil eine gleichzeitige Entwässerungsanlage erforderten. Bei der Auffindung und Disposition aller dieser Landcomplexe, sowohl im Patrimonialgebiete wie im Kreise, bewies der thätige Stadt-Oberförster Fritsche ebensoviel Eifer, als Sachkenntniss. Er wären in dieser Beziehung noch günstigere Ergebnisse zum Vorschein gekommen, hätte die Entwässerung der weit ausgedehnten sog. grossen Zenne in der von uns beabsichtigten Weise vorgenommen werden können. Dies wurde aber vom Ministerium des Innern beanstandet.

Um Ersparnisse in den Ausgaben zu bewirken, wurde unter Anderem beschlossen, die von den technischen Beamten vorgeschlagenen Arbeiten, Remonten und Verbesserungen erst nach erlangter unzweifelhafter Ueberzeugung von ihrer vollen Zweckmässigkeit und unumgänglichen Nothwendigkeit zu genehmigen. In allen solchen Fällen wurden demnach die obwaltenden Verhältnisse vom Cassa-Collegium gründlich erforscht und von demselben Localinspectionen, wenn erforderlich, in pleno abgehalten, was besonders bei Brücken- und Bollwerkarbeiten die ansehnlichsten Ersparnisse zur Folge hatte. Es wurde ferner verfügt verschiedene bis dahin auf dem sog. ökonomischen Wege oder in Taglohn bewerkstelligte Arbeiten inkünftig licitationsmässig und fortlaufende Remonten gegen ein jährliches Pauschale zu vergeben. Einen besonders günstigen Erfolg hatte der gegen vielerlei Anfechtung durchgeführte Beschluss: Materialienlieferung und Arbeitsleistung nicht mehr getrennt, sondern combinirt zum öffentlichen Angebot zu bringen. Mit freundlicher Zustimmung des General-Gouverneurs, welcher gegen ein billiges Abkommen auf seine Sommerwohnung im Peterholmschen Garten verzichtete, wurden die dortigen Gebäude und Liegenschaften verpachtet und die Unterhaltung, welche bis dahin der Stadt grosse Kosten verursacht hatte, dem Pächter zugeschoben. Endlich bot die Herstellung der Eisenbahnen, welche einen grossen Theil des Verkehrs von den Heerstrassen abnahmen, die willkommene Gelegenheit zu einer namhaften Verminderung der Subventionen für die Poststationen Riga und Olai, später auch zu Ersparnissen bei der Chausseeremonte.

In diesen und ähnlichen Richtungen bedurfte es eines um so beharrlicheren Vorgehens, als die zur Bedeckung des überkommenen jährlichen Deficits bestimmte Immobiliarsteuer nicht vor 1868 zur Erhebung gelangen konnte*), inzwischen aber neue und ganz beträchtliche Ansprüche an die Stadt-Cassa hervortraten, welche befriedigt werden mussten, weil sie in unabweisbaren Bedürfnissen des öffentlichen Dienstes begründet waren.

Die gesteigerte Geschäftslast erheischte eine Vermehrung der Arbeitskräfte in fast allen Communalbehörden und zum Theil eine Erweiterung ihrer Localitäten. Speciell erforderten die Verstärkungen des Personals der Vogthei- und Landvogthei-Gerichte, der Polizeiverwaltung und der Strafrechtspflege eine jährliche Mehrausgabe von 12 m. Rubel. Dazu kamen die Etats der neuen städtischen Institute des statistischen Comités, des Sanitäts-Comités und des Addressetisches mit etwa 5 m. Rubel und als ein Extraordinarium des Jahres 1867 ein Posten von 19,388 Rubel für Empfangsfeierlichkeiten und Bewirthung hoher Gäste.

Wo das allgemeine Beste es gebot, liess das Cassa-Collegium sich nicht von weiteren Belastungen seines Budgets

*) Die Steuer erbrachte im Jahre 1868 R. 53810, und in 1869 R. 55984. Dagegen entfielen die bis dahin von den sog. Unbesitzlichen, zuletzt im Jahre 1867 mit R. 7433 erhobenen Abgaben.

abschrecken. Eine zweckmässigere Organisation der Polizeimannschaft hatte sich schon längst als dringlich herausgestellt, und zur Durchführung einer so erwünschten Massregel bot sich eben jetzt die günstigste Gelegenheit, indem der intelligente und thatkräftige neue Polizeimeister Oberst Koslow sie in seine bewährte Hand nehmen wollte. Die Berathungen, die ich mit ihm darüber führte, bestimmten mich zu einer warmen Vertretung seines Projects, wonach anstatt der seitherigen, aus den Feldregimentern ausrangirten Soldaten, vom Polizeimeister auserwählte und vertragsmässig engagirte Schutzmänner einrücken sollten. Diese durchgreifende Reform involvirte jedoch eine jährliche Mehrausgabe von 13 m. Rubel, und fand darum einen leicht erklärlichen Widerstand sowohl bei den Ständen, als in der Gouvernementsverwaltung. Ich war indessen von der Unerlässlichkeit der Massregel zum Nutzen der Stadt und ihrer Bewohner zu überzeugt, um von dem Plane zurückzuweichen. Nach wiederholten und langen Deliberationen, und nachdem ich mein Wort dafür eingesetzt hatte, dass die Stadt-Cassa die Mehrbelastung würde tragen können, gelang es mir, die Zustimmung aller Instanzen zu erringen. Am 1. Juli 1868 erschien die neue Schutzmannschaft zum ersten Male auf den Strassen Rigas und wurde vom Publicum auf das beifälligste begrüsst.

Bei einem im Wachsthum begriffenen Gemeinwesen können die öffentlichen Ausgaben selbstverständlich nicht stationär bleiben, sondern werden sich trotz aller vernünftigen Zurückhaltung und Sparsamkeit allmälig höher stellen. Dieses hat insofern nichts Bedenkliches, als unter den gegebenen Verhältnissen gleichzeitig eine succesive Steigerung aller rationell begründeten Steuern und Abgaben zur Erscheinung kommt, und sich bei einem solchen allgemeinen Emporgange des wirthschaftlichen Lebens auch wohl die Gelegenheit zur Eröffnung neuer Einnahmequellen darbietet. Immer aber wird es eine stricte Verpflichtung der Finanzverwaltung bleiben, ihr Calcul in solchen Grenzen zu halten, dass auch ungünstigen Zwischenfällen begegnet werden kann. In den Ausgabebudgets der Stadt-Cassa wurden darum allemal 20 m. Rubel für Unvorhergesehenes veranschlagt.

Bevor ich zu den weiteren Massnahmen des Cassa-Collegiums übergehe, erlaube ich mir einige Zeilen über anderweitige Vorkommnisse einzuschalten.

XX.

Da ich in Erfahrung gebracht hatte, dass man höheren Orts mit der Absicht umging, eine Ueberwachung der sanitären Zustände der Stadt zu organisiren, so empfahl ich dem Cassa-Collegium zur Wahrung der städtischen Autonomie, die Initiative zu ergreifen und von sich aus die Errichtung einer permanenten ständischen Sanitäts-Commission zu veranlassen. Meine Proposition wurde anfangs abgelehnt, aber bald darauf wieder aufgenommen. Eine Commission wurde eingesetzt, welche mit Zuziehung von Experten, die Instruction für das beabsichtigte Gesundheitsamt entwerfen sollte. Nachdem der Rath den von uns formulirten Entwurf in einigen Punkten emendirt und die Beistimmung seiner Mitstände eingeholt hatte, erwirkte er im August 1867 die gouvernementale Bestätigung der »Instruction für das permanente städtische Sanitäts-Comité«. Dasselbe constituirte sich auch bald darauf unter dem Vorsitz des patriotisch thätigen Rathsherrn Arend Berckholtz.

Während der Reichsrath über die Rigaschen Handels- und Schifffahrtsabgaben verhandelte, kam es dort zur Sprache, dass das statutarische Fundament des Börsen-Comités nicht als ein gesetzlich vollgültiges zu erachten sei. Diesen Mangel hatte bereits seinerzeit, die Commission zur Revision der baltischen Handelsverordnungen erkannt und darauf bezügliche Vorschläge gemacht; auch waren vom Börsen-Comité selbst während meines Präsidiums offiziöse Schritte gethan, um ein von der Staatsregierung bestätigtes Statut zu erhalten. Das Provisorium hätte indessen wahrscheinlich noch länger fortgedauert, wenn nicht die Abgabenfrage aufgetaucht wäre, und die erwähnte hohe Instanz mit Rücksicht darauf es an der Zeit gefunden hätte, die Competenzen des Börsen-Comités auf legislativem Wege festzustellen. Es musste dankbar anerkannt werden, dass der zu diesem Zwecke vom Oekonomie-Departement des Reichsraths ausgehende Statutenentwurf unserm General-Gouverneur und von ihm unserer Deputation zur Meinungsäusserung mitgetheilt wurde, indem wir dadurch in die glückliche Lage kamen, einige Modificationen herbeizuführen, deren Begründung wir durch die Localverhältnisse überzeugend nachwiesen. Die Bestimmung, wonach die von den allgemeinen Versammlungen der Kaufmannschaft geprüften und angenommenen Budgets noch dem Gouvernementschef zur Bestätigung vorgeslegen werden sollten, war allerdings eine wenig willkommene Neuerung, aber eine conditio sine qua non für jegliche Abgabenerhebung. Das vom Reichsrath votirte »Statut der Rigaer Börse« wurde am 13. December 1866 der Allerhöchsten Bestätigung gewürdigt und am 12. April 1867 mittelst Patents der livländischen Gouvernementsverwaltung publicirt.

Bis zur Emanation dieses Statuts theilte sich der vom Börsen-Comité vertretene Handelsstand, mehr dem Namen als der Wirklichkeit nach in zwei Gruppen: 1. die Mitglieder des Börsenvereins und 2. die zu den Bewilligungsgeldern steuernden Kaufleute. Aus den neuen gesetzlichen Bestimmungen ging eine zweckmässige Einigung beider Kathegorien hervor und es entfiel damit auch die Nothwendigkeit eines getrennten Cassa- und Rechnungswesens. Noch während unsers Aufenthalts in Petersburg entschlossen sich von Stein und ich zur Ausarbeitung von Vorschlägen für eine neue einheitliche Buchführung und Rechenschaftsablegung. Damit verbanden wir den Vorschlag, zu mehrerer Sicherstellung der wichtigeren Institute des Handels, ein jedes derselben mit einem eigenen, allmälig anwachsenden Reservecapital zu dotiren. Unsere Propositionen fanden den Beifall des Börsen-Comités und wurden auf dessen Vorschlag von der Generalversammlung der Kaufmannschaft angenommen.

Das Allerhöchst bestätigte Reichsrathsgutachten, betreffend die Handelsabgaben erforderte die Aufstellung einer neuen Ordnung, sowohl in der Administration, wie bei der Geschäftsführung des Bewilligungscomptoirs. Als Präses der zu diesem Zwecke berufenen Commission, die aus Gliedern des Börsen-

Comités und des Cassa-Collegiums bestand, gelang es mir, die angestrebten Vereinbarungen herbeizuführen und ein Reglement zu entwerfen, das nach Zustimmung des Börsen-Comités die Approbation des Raths erhielt und somit in Kraft trat. Die Erhebung der betreffenden Steuern wurde dem »Comptoir zur Erhebung der Handels- und Schifffahrtsabgaben« übertragen und dieses Comptoir mit einer den veränderten Verhältnissen entsprechenden Instruction versehen.

Die Abschaffung der seither vom überseeischen Handel erhobenen $^1/_8$ pCt. Armengelder, von denen ein Theil dem kaufmännischen Unterstützungsfonds zufloss, erheischte die Auffindung anderer Grundlagen für den gedeihlichen Fortbestand dieses Instituts. Zur Lösung dieser Aufgabe berief der Börsen-Comité eine Commission, deren Glieder es mir anheimgaben, ein neues Reglement für diese wohlthätige Stiftung zu projectiren. Nachdem mein Entwurf die Zustimmung der Commission des Börsen-Comités und der allgemeinen Versammlung der Kaufmannschaft erhalten hatte, trat er mit obrigkeitlicher Bestätigung als »Reglement für den Unterstützungsfonds des Börsenvereins« im Jahre 1868 in Kraft.

Die grössere Entfaltung der Rigaschen Handels- und Schifffahrtsverhältnisse, insbesondere aber viele, neben den neuen Verkehrsmitteln hervorgerufene Neuerungen im Geschäftsbetriebe, geboten eine Revision und Ergänzung der Börsen-Usancen. Der Aufforderung der kaufmännischen Vertretung gerne folgend, übernahm ich im Jahre 1868 den Vorsitz einer zur Vornahme dieser Arbeit erwählten Commission und damit zum dritten Male die Redaction dieser Usancen. Aus den wiederholten und eingehenden Besprechungen mit meinen Collegen resultirte ein Entwurf, mit dessen Bestimmungen sich der Börsen-Comité und die Generalversammlung der Kaufmannschaft einverstanden erklärten; worauf die neuen leitenden Normen zur Nachachtung der Geschäftswelt publicirt wurden*).

*) Die commerciellen Verbindungen Rigas mit dem Auslande hatten vermuthlich von Anfang an, jedenfalls aber schon in der ersten Hälfte des vorigen Jahrhunderts, im Grossen und Ganzen, die Natur und das Wesen reiner Commissions-

Die ausserordentlich feuergefährliche Lage und Beschaffenheit des alten hölzernen Ambarenviertels veranlásste den General-Gouverneur Albedinski eine Commission anzuordnen, welche im Jahre 1868 unter dem Vorsitze des Staatsraths Schmitt zusammentrat und die Mittel zur Abhülfe jenes Uebelstandes berathen sollte. Als Glied der Commission betheiligte ich mich bei den Arbeiten derselben, die ihren Abschluss in einem Projecte fanden, wonach der in Rede stehende Bezirk nach Anleitung der von uns aufgestellten und motivirten Reconstructions- und Finanzpläne im Laufe von zehn Jahren allmälig an Stelle der zum Theil schon baufälligen hölzernen Speicher mit massiven Lagerhäusern zu besetzen und von Schienensträngen zu durchziehen wäre. Allerdings gingen wir dabei von der Prämisse aus, dass der Börsen-Comité geneigt

---

geschäfte angenommen. Mit einzelnen oder vorübergehenden Ausnahmen (z. B. während der Continentalsperre) bewahrten sowohl die Exportbranche, wie der Import in seinen Hauptobjecten diesen Charakter bis um das Jahr 1820, wo der Unternehmungsgeist brittischer Etablissements die erste Bresche in das alte System legte. Dem Festlande gegenüber beharrte die Kaufmannschaft zwar noch eine längere Zeit bei der hergebrachten und conventionellen Methode; aber unter dem Einflusse der Concurrenz und eines überhandnehmenden Agentenwesens, näherte sie sich auch hier allmälig ihrem Niedergange. Dem Impulse, den das grosse englische Geschäft gegeben hatte, folgten zunächst die Relationen mit Frankreich und Belgien, etwas später Holland und Deutschland. Am längsten erhielt sich das Commissionsgeschäft in den Beziehungen mit Spanien, Portugal und den scandinavischen Ländern, dürfte aber auch in diesen Bereichen gegenwärtig nur bei einem Bruchtheile des Verkehrs zur Anwendung kommen. Der Uebergang vom Commissions- zum Propregeschäft vollzog sich beim Export unter der Form von Anstellungen und Verkäufen mit unterschiedlichen Clauseln und bisweilen sehr weitgehenden diesseitigen Verpflichtungen. Zur Abkürzung des mit solchen Offerten verbundenen Risicos bot die eben aufkommende Telegraphie ein willkommenes Medium, das darum die Einführung und Verallgemeinerung der neuen Geschäftsweise im höchsten Grade beschleunigt hat. — Ob die Formen, worin sich die internationalen Waarenumsätze Rigas in der Jetztzeit bewegen, von Dauer sein werden, oder ob ihnen eine weitere Entwickelung bevorsteht, bleibt der Zukunft anheimgestellt. Aus den bereits stattgehabten, in der Geschichte des Rigaschen Handels epochemachenden Wandlungen, erklären sich mittlerweile die in den letzten Decennien häufig vorkommenden Revisionen und Ergänzungen der örtlichen Usancen.

sein würde, zur Förderung des wichtigen Zweckes ein Capital von 30 m. Rubel vorschussweise und eventuell à fonds perdu hinzugeben. Wahrscheinlich scheiterte das Project an dieser Schwierigkeit.

Im Rathe fand ich um diese Zeit Veranlassung, eine durchgreifende Reform der Pass-Expedition zu beantragen und zwar dahin gehend, dass dem Publicum die mit der Ausnahme von Pässen verbundenen Formalitäten möglichst vereinfacht und alle dabei seit Alters bestehenden Sporteln abgeschafft werden sollten. Da im letzteren Falle die auf diese Sporteln angewiesenen Beamten anderweitig zu entschädigen waren, so stellten sich der vorgeschlagenen Massregel sehr grosse Schwierigkeiten entgegen. Es gelang indessen dem Rathe dieselben zu überwinden und bei Verlegung der Pass-Expedition in das Geschäftslocal der Steuerverwaltung, die Proceduren bei der Ausnahme von Pässen in erwünschter Weise zu vereinfachen, auch alle Sporteln in Wegfall zu bringen. Die neue Ordnung wurde 1868 eingeführt und darüber höheren Orts Bericht erstattet.

Als Präses des Cassa-Collegiums war ich zum Vorsitzenden einer Commission berufen, die aus Delegirten des Armendirectoriums, Aerzten und Bautechnikern zusammengesetzt war und Pläne und Kostenanschläge für die Errichtung eines neuen Stadt-Krankenhauses berathen sollte. Die an sich, besonders aber im Hinblick auf die Nothwendigkeit der Beschaffenheit bedeutender Geldmittel nicht leicht zu lösende Frage wurde nach allen Seiten gründlich besprochen und als nächstes Ergebniss veröffentlichte die Commission im November einen Bericht nebst dem vom Stadt-Architekten Felsko skizzirten Grundrisse zu einem den Bedürfnissen und Anforderungen der Gegenwart entsprechenden Gebäude. Im weiteren Fortgange unserer Berathungen wurde jedoch dieser Plan aufgegeben und nach eingehenden Erwägungen von der Commission im April 1869 ein Bauproject nach dem Barackensystem ausgearbeitet und definitiv befürwortet. Dasselbe kam auch nach erfolgter Beistimmung der Stände zur allgemein befriedigenden Ausführung.

Das Comité für die Vorstadt-Anlagen stand unter der Oberaufsicht des Civilgouverneurs; die Sitzungen wurden vom Präses des Cassa-Collegiums geleitet. Ich hatte hier die willkommene Gelegenheit, auf eine Erweiterung und Verschönerung, der öffentlichen Gartenanlagen, besonders im Wöhrmannschen Park, hinzuwirken. Nach ihrer Vollendung im Mai 1869 wurden diese Ausführungen vom Publicum beifällig aufgenommen und bestanden in der Herstellung eines aus dem Bassin sich erhebenden Springbrunnens, in dem decorativen Ausbau der gegenüberliegenden Façade des Restaurationsgebäudes, nebst Anfügung einer Terrasse für Sitzplätze u. a. m. — Gleichzeitig wurde eine Reform im Cassawesen des Comités eingeführt und für die Vermehrung der Einkünfte derselben mit gutem Erfolge Sorge getragen.

Anfangs Juni 1868 kam Seine Kaiserliche Hoheit Prinz Peter von Oldenburg nach Riga, um einen Einblick in unser Verkehrswesen und unsere pädagogischen und philantropischen Anstalten zu gewinnen. Ich hatte die Ehre, S. K. H. während seines hiesigen Aufenthalts attachirt zu werden und ihn auf seinen Rundfahrten zu geleiten.

XXI.

Von Seiten des Cassa-Collegiums war es bis dahin üblich, am Schlusse eines jeden Jahres einen »Verschlag über Einnahmen und Ausgaben« zu veröffentlichen. Da aber den vielen in diesem Verschlage vorkommenden Posten keinerlei Erläuterung oder Motivirung beigegeben war, übrigens der Pflichtenkreis des Collegiums sich nicht nur auf die Cassaverwaltung, sondern auf viele andere für das Communalwesen wichtige Verhandlungen und Massnahmen erstreckte, só entschloss ich mich zur Ausarbeitung eines vollständigen Verwaltungsberichts. Derselbe sollte die ganze administrative Thätigkeit der Behörde umfassen, die Entwickelung und derzeitigen Stand aller in das Ressort fallenden Angelegenheiten darlegen und neben dem Zwecke einer öffentlichen Rechenschaftsablegung, den in das Collegium neu eintretenden Gliedern die Möglichkeit bieten, sich über ihren Beruf zu orientiren. Als die erste, diese Ziele im Auge fassende Zusammnstellung wurde die Arbeit eine ziemlich mühevolle, und musste um so umfangreicher ausfallen, da etwa 150 Gegenstände mehr oder weniger eingehend zu besprechen und ausserdem 22 Beilagen und tabellarisch geordnete Uebersichten beizufügen waren. Das Cassa-Collegium genehmigte meine Vorlage und verfügte den Druck derselben unter dem Titel: »Verwaltungsbericht der Stadt-Cassa für das Jahr 1867«. — Aehnliche Berichte wurden dann auch in den folgenden Jahren ausgearbeitet und veröffentlicht.

Je tiefere Einblicke ich in das ausgedehnte und verschiedenartig gestaltete Wirkungsgebiet des Cassa-Collegiums erlangte, um so mehr musste sich mir die Ueberzeugung aufdrängen, dass, wenn irgendwo, so sicherlich hier, das System der Arbeitstheilung am Platze sei und um so heilsamere Früchte tragen müsse, als nur auf diesem Wege für die ungleichartigen Geschäfte und Obliegenheiten des Collegiums, die befähigsten Elemente aus der Bürgerschaft zu ermitteln und zu gewinnen wären. Daneben würde bei entsprechender Verstärkung des Collegiums die Arbeitslast der einzelnen Glieder eine sehr erwünschte Erleichterung finden. Ich entwarf also Anfangs 1868 ein ausführlich motivirtes Project, wonach das Stadt-Cassa-Collegium seine Geschäfte in drei Sectionen zu erledigen haben sollte, vorbehältlich der dem Plenum als Recursinstanz verbleibenden Oberaufsicht. Die erste Section sollte sich mit dem financiellen Theile befassen, mit der Erhebung der Abgaben und Revenuen, Verwaltung der Stadtcapitalien und Stadtschulden, und dem Cassa-, Buch- und Rechnungswesen. Der zweiten Section sollten die äussern Geschäfte zufallen: Ausführung aller Bauten, Reparaturen und Arbeiten an Stadtgebäuden, Bollwerken, Brücken und Wegen, die Strassenpflasterungen, die öffentliche Beleuchtung u. s. w. Der dritten Section war die Verwaltung der Stadtgüter und Forste vorbehalten. Mein Plan fand die Zustimmung des Cassa-Collegiums, der beiden Gilden, des Raths und der Gouvernementsregierung, blieb aber im Ministerium des Innern liegen, wie man mir sagte, um bei der bevorstehenden Reform der Stadtverfassung in Erwägung gezogen zu werden.

Von einem unmittelbaren Erfolge war dagegen mein Antrag: dem Cassa-Collegium eine besondere Commission für die Wahrnehmungen bei der Strassenpflasterung beizugeben. Zu diesem Antrage wurde ich dadurch veranlasst, dass es den ohnehin sehr beschäftigten Gliedern der Behörde ganz unmöglich wurde, die Pflasterungen in den jetzt an die Reihe kommenden entfernteren Gegenden der Vorstädte gebührend zu überwachen, weswegen die dortigen Arbeitsausführungen auch schon vielfach bemängelt worden waren. In dieser Berücksichtigung hatte ich vorgeschlagen, dass der Commission, ausser den ständischen Gliedern, einige Hausbesitzer aus jeder Vorstadt beigeordnet werden möchten. Meine Propositionen und die demgemäss entworfene Instruction für die neue Strassenpflasterungs-Commission fanden zustimmende Aufnahme im Cassa-Collegium, ebenso bei den Ständen, und wurden auf Empfehlung der Gouvernementsverwaltung vom General-Gouverneur bestätigt. Die Commission constituirte sich auf eine Verfügung des Raths vom 23. October 1868 und trat mit dem folgenden Jahre in Activität.

Das jährliche Budget der Stadt-Cassa variirte zwischen 700 m. und 800 m. Rubel. Ich habe bereits der Mittel und Wege gedacht, welche zur Aufbesserung der ökonomischen Lage eingeschlagen wurden, will also hier nur noch etwas über den geschäftlichen Organismus erwähnen. Für die Cassaführung bestanden von den kaufmännischen Formen abweichende Vorschriften, deren nothwendige und correcte Einhaltung sich in den besten und zuverlässigsten Händen des Aeltesten Burmeister befand. Zur Erhebung der Steuern, Abgaben und Grundzinsen war im Jahre 1864 eine besondere Expedition eingerichtet, deren Zweckmässigkeit sich immer mehr bewährte. Aehnliche Expeditionen bestanden für die geregelte Einziehung von Miethen, Pachten u. s. w. und für die Beitreibung der von fremden Gemeinden zu liquidirenden Kurkosten. Diese Expedition hatte jährlich ungefähr 3000 Requisitionen und Ausfertigungen zu erlassen. In das financielle Gebiet gehörte ferner die Verwaltung der verschiedenen städtischen Capitalien, der zu bestimmten Zwecken asservirten Summen, der deponirten Cautionen u. s. w., sowie die Operationen der Stadt-Schuldentilgungs-Commission. Besonders ernste und reifliche Erwägungen erforderten die Budgets, welche nach einem, zwar nicht systematischen, aber vom Ministerium ausdrücklich vorgeschriebenen Formulare aufzumachen waren. Die mühsame Arbeit wurde von unserm erprobten Secretär Hackel ausgeführt, nachdem er sich mit mir über alle einzelnen Positionen berathen und verständigt hatte. Das voluminеuse Opus kam hierauf zum Vortrage und zur Discussion zuerst im Cassa-Collegium, dann in dem durch mehrere ständische Commissarien verstärkten extra-ordinären Stadt-Cassa-Collegium, und endlich im Rathe, um nach dessen Prüfung und Genehmigung an die Gouvernementsregierung und an den General-Gouverneur zu gelangen und schliesslich an das Ministerium des Innern befördert zu werden, wo es in der Regel mehr oder weniger einschneidenden Veränderungen unterlag.

Wie gewöhnlich, so auch während meines Präsidiums, bewährte sich der patriotische Sinn der zum Cassa-Collegium entsendeten Glieder aus den Aeltestenbänken und Bürgerschaften beider Gilden in einer treuen und eifrigen Fürsorge für das Communalinteresse. Diese bei allen Gelegenheiten sich offenbarende Hingabe für das Gemeinwohl verdient eine um so grössere Anerkennung, als sie mit Aufopferung an Zeit und Kräften verbunden war, und ohne irgend welche Entschädigung erfolgte. Mit dem Gefühle wärmster Erkenntlichkeit für die Mitarbeit meiner Collegen, schreite ich zu einigen Andeutungen über die äussern Geschäfte und Bethätigungen des Collegiums während meiner drei Amtsjahre.

Die Stadtgebäude, deren es einschliesslich Budenreihen, Markthallen, Ambaren u. s. w. über 100 gab, wurden mit aller Sorgfalt in dem erforderlichen guten Stande erhalten. Der im Jahre 1865 begonnene Neubau des Realgymnasiums wurde vollendet, der abgebrannte Theil des grossen Waagegebäudes wieder hergestellt, das Stadtgefängniss durch einen Ausbau vergrössert. Für die Polizeiverwaltung der Petersburger Vorstadt wurde ein neues Haus angekauft, den Bedürfnissen entsprechend ausgebaut und eingerichtet. Ebenso wurde zur

Errichtung einer neuen Polizeistation auf Hagenshof ein Immobil erworben und zweckmässig ausgestattet.

Auf dem Terrain des früheren Ravelins erfolgte im Jahre 1867 die von dem vorstädtischen Publicum gewünschte Anlage eines neuen geräumigen, drainirten und gepflasterten Marktplatzes für Victualien.

Wegen Ueberlassung der Festungswerke der Citadelle an die Stadt wurden die nöthigen Verhandlungen mit dem Militärressort gepflogen, und in solchem Anlass Pläne und Calculationen entworfen, demnach auch die Abtragung der Fortificationen durch Abbruch verschiedenen Mauerwerks eingeleitet.

Die neuen Strassenpflasterungen machten die erfreulichsten Fortschritte, nachdem es mir im Einvernehmen mit dem Rathe und dem Cassa-Collegium im Jahre 1868 gelungen war, den General-Gouverneur dafür zu gewinnen, dass in den entfernten, sehr wenig frequentirten vorstädtischen Strassen die Breite der zu pflasternden Fahrbahnen von den sonst vorgeschriebenen 33 à 35 Fuss auf 18 à 21 Fuss reducirt wurde. Für Neu- und Umpflasterungen wurden in diesen drei Jahren etwa 84 m. Rubel verausgabt.

Mit der Regulirung alter, Eröffnung und Planirung neuer Strassen wurde gebührend vorgegangen; Chausseen und chaussirte Wege erhielten die nöthige Remonte; für die Verbesserung der Wege und Brücken im Patrimonialgebiete wurde, soweit möglich, gesorgt. Einem allgemeinen und dringenden Bedürfnisse wurde dadurch entsprochen, dass der diensteifrige Stadtrevisor Wiekmann einen neuen, alle derzeitigen Verhältnisse berücksichtigenden Stadtplan ausarbeitete, der im Jahre 1867 veröffentlicht wurde.

Im Interesse der Salubrität der Vorstädte richtete das Collegium seine besondere Aufmerksamkeit auf die Trockenlegung der daselbst vorhandenen sumpfigen Terrains. Bezügliche Arbeiten wurden an mehreren Stellen mit Erfolg ausgeführt. Das umfassendste Project dieser Art betraf die Niederungen in der Moscauer Vorstadt, wobei es der Mitwirkung und Zustimmung nicht nur der angrenzenden Grundbesitzer, sondern auch einiger öffentlichen Institute bedurfte.

Auf Antrag des Cassa-Collegiums veranstaltete demnach der Rath die Niedersetzung einer ad hoc berufenen Commission und bewog den Herrn Civil-Gouverneur von Oettingen zur gefälligen Uebernahme des Präsidiums. Nachdem die Commission eine vorläufige Verständigung unter den Adjacenten herbeigeführt hatte, wurden die Arbeiten im Jahre 1868 vom Cassa-Collegium in Angriff genommen und in den folgenden Jahren fortgesetzt.

Nicht minder interessirte sich das Collegium für die Herstellung unterirdischer Canalisirungen und Wasserableitungen, sowohl in der Stadt, wie in den Vorstädten. Die ersten Anlagen dieser Art zur Abführung des Regen- und Spülwassers waren, wie oben erwähnt, von der Wallabtragungs-Commission ausgegangen, fanden aber alsdann durch die Betheiligung der Hausbesitzer grösseren Umfang. Für die Anwendung dieser Vorkehrungen, welche in so hohem Grade der äussern Ordnung und Sauberkeit zu gute kommen, bemühte sich vorzugsweise der thätige Beisitzer des Collegiums F. Brunstermann. Am Ende des Jahres 1869 war die Zahl der unter Aufsicht der Behörde stehenden Controllschachte solcher Leitungen bereits auf 604 gestiegen.

Die Instandsetzung und Unterhaltung der Dämme und Ufereinfassungen an der Düna in einer Länge von insgesammt 4,445 Faden erfordern regelmässig, besonders aber nach verheerenden Eisgängen, wie im Jahre 1867, grosse Anstrengungen. Das Cassa-Collegium errichtete in Folge eines Antrages der grossen Gilde im Jahre 1868 ein neues Bollwerk zur Erweiterung des Dünaufers, behufs Vermehrung der Anlegeplätze für Schiffe. Die Herstellungskosten desselben beanspruchten eine extraordinäre Ausgabe von 20 m. Rubel, die durch eine Anleihe gedeckt wurden.

Im Interesse der Ueberwachung und Remonte der ausgedehnten Uferbefestigungen der Catharinen- und Vegerackholmschen Dämme erwirkten wir nach langen lästigen Verhandlungen mit den angrenzenden Gutsverwaltungen und trotz manchen Widerspruches eine Resolution der Gouvernementsregierung vom 23. September 1868, kraft deren eine unsern Wünschen entsprechende Instruction für die Benutzung, Beaufsichtigung und Instandhaltung dieser Dämme bestätigt wurde.

Die grosse Verkehrsader der Düna-Flossbrücke und die Ambaren- und Salzbrücken verlangten in diesen Jahren beträchtliche Reparaturen und vollständige Erneuerung einiger Theile, welche Arbeiten unter verschärfter Ueberwachung von Seiten des Collegiums zur Befriedigung ausgeführt wurden.

Zur Verbesserung der öffentlichen Beleuchtung der Stadt und der Vorstädte erwirkte das Cassa-Collegium eine neue, von der Gouvernementsobrigkeit erlassene Verordnung. Gleichzeitig wurde der Gaslichtrayon weiter ausgedehnt und in den ausserhalb desselben belegenen Strassen, anstatt der alten Oelbeleuchtung, das Petroleum zur Anwendung gebracht. Eine dankenswerthe Umsicht und Thätigkeit bei dieser Massnahme entwickelte der Vorsitzende der Expedition, Aeltester, nachmals Rathsherr Kymmel.

Wenig befriedigend waren die, theils durch Schriftenwechsel, theils persönlich geführten Verhandlungen mit den Militärbehörden. Diese bezogen sich auf die von der Stadt anzuweisenden Lager-, Schiess-, Garten- und Weideplätze*). Die von mir erbetenen und freundlich gewährten Vermittelungen des Generals Albedinski und des Civil-Gouverneurs von Lysander bewirkten schliesslich beiderseitig befriedigendes Abkommen. Als Lagerplatz wurde vom Cassa-Collegium ein Areal an der Mitauer Chaussee auf eine Reihe von Jahren gepachtet; statt der Garten- und Weideplätze, zum Theil eine billige Entschädigung in Geld vereinbart, und als Schiessplatz ein der Stadt gehöriges, unfruchtbares Landstück von 61,000 Quadratfaden übergeben. Die zweckdienliche Einrichtung des letzteren bestritt die Stadt-Cassa mit einem Kostenaufwande von 12 m. Rubel. — Zu den Prästanden für die Truppen gehörte noch eine durch Senatsukas der Stadt nachträglich auferlegte Zahlung

*) Die Bequartirung des Militärs wurde von der Quartierverwaltung aus besorgt und erforderte eine jährliche Ausgabe von beiläufig 150 m. Rubel.

von 38 m. Rubel zur Verbesserung der Kost für die Garnison in den Jahren 1853 bis 1864. Davon mussten 11 m. Rubel in 1869 und der Rest in den folgenden Jahren liquidirt werden.

Die Verwaltung der 13 Stadtgüter und 450 Quadratwerst Forste, schon an und für sich eine Aufgabe, die ein Specialressort erfordert hätte, bereitete dem Cassa-Collegium in diesen Jahren anhaltende und schwere Sorgen. Im Jahre 1867 wurden die an der Düna liegenden Güter durch die Verwüstungen des Eisganges hart mitgenommen; alle Güter hatten aber ungenügende, wenn nicht gar schlechte Ernten. Im Jahre 1868 war allgemeiner Misswachs und zahlreiche Waldbrände verheerten die Forste auf einem Gesammtareal von 128 Quadratwerst. Die Folgen dieser beklagenswerthen Ereignisse liessen nicht auf sich warten. Neben den Ausfällen an directen und indirecten Revenuen empfanden wir schmerzlichst das starke Anschwellen der Pachtrückstände, sowohl von Hofes- wie Bauerländereien. Dessen ungeachtet beharrte das Cassa-Collegium bei seiner fortschrittlich wirthschaftlichen Politik, indem es unbeirrt die beschlossenen Massregeln zur Anbahnung einer steigenden Ertragsfähigkeit des städtischen Landbesitzes verfolgte. Es wurden also die geplanten systematischen Entwässerungsarbeiten mit einer Ausgabe von etwa 20 m. Rubel betrieben. Diese hatten das Ergebniss, dass mehr als 5600 Loofstellen, bis dahin ertraglos gewesenen Landes, für landwirthschaftliche Cultur nutzbar gemacht werden konnten. Das Land wurde parcellenweise zum Meistgebot gestellt und erzielte zwar für die ersten Jahre niedrige, dann aber vertragsmässig immer höher ansteigende Pachtsätze. — Die neuen, meistens mittelst Bepflanzung in Angriff genommenen Waldculturen erstreckten sich auf eine Bodenfläche von 1300 Loofstellen. Zur Schonung des Wildstandes entwarf das Cassa-Collegium eine neue, hierauf vom Rath bestätigte Jagdordnung. Das Buschwächterwesen wurde nach den Vorschlägen des Stadt-Oberförsters, einer zweckmässigen Reorganisation unterzogen und mit der revisorischen Vermessung der Stadtgüter vorgeschritten. Bei alledem unterliess das Cassa-Collegium nicht, die durch die Nothjahre hervorgerufenen Bedrängnisse der Bauerschaften, wie und wo immer möglich, zu erleichtern. Auf Einrichtung neuer und Verbesserung der alten Landschulen wurde im Zusammenwirken mit dem lebhaft dafür sich interessirenden Kirchenvorsteher, Rathsherr Emil von Boetticher, mit guten Erfolgen hingestrebt. Der im Jahre 1864 begonnene Kirchenbau in Wilkenhof wurde 1867 vollendet; der Neubau der Kirche auf dem Stadtgute Holmhof in Angriff genommen.

Diese flüchtigen Blicke auf die nach Aussen gerichtete Berufsthätigkeit des Cassa-Collegiums verdeutlichen freilich nicht den vollen Umfang seiner vielseitigen administrativen Wahrnehmungen. Bezeichnender dafür wäre vielleicht, dass das im Jahre 1868 neu geordnete Archiv an tausend Acten enthält, dass, abgesehen von dem dienstlichen Getriebe in den Neben-Expeditionen alljährlich 3000 bis 4000 Gegenstände im Plenum der Behörde zur protocollarischen Verhandlung und Verfügung kamen, und dass von den technischen Beamten allein jährlich etwa 500 Berichte, Pläne und Kostenanschläge dem Collegium zur Prüfung und Beschlussfassung vorgelegt wurden.

Inmitten dieser amtlichen Regsamkeit wurde ich durch betrübende Familienereignisse genöthigt, mich wahrscheinlich auf unbestimmte Zeit ins Ausland zu begeben. Ich fühlte mich demzufolge verpflichtet, mancher freundlichen Abmachung ungeachtet, bei dem Rathe mit der Bitte um Entlassung einzukommen. Nur zögernd und mit wehmüthigen Empfindungen entschloss ich mich zu einem Schritte, der mich von einem liebgewonnenen Wirkungskreise entfernen und zum Markstein einer Thätigkeit werden sollte, die ich seit zwanzig Jahren gewohnt war, in dieser oder jener Vertrauensstellung dem Gemeinwesen Rigas zu widmen. In solchen entscheidenden Augenblicken fühlt man sich unwillkürlich zu ernsten Betrachtungen gestimmt; man gedenkt des zurückgelegten Weges, mit seinen guten und seinen schweren Stunden, und vergleicht den Anfang mit dem Ende. Das Programm meines Trienniums im Cassa-Collegium bestand hauptsächlich darin, das Gleichgewicht im communalen Haushalte wieder herzustellen und für eine zukünftig befriedigende Lage der Stadt-Cassa Boden und Richtung zu gewinnen. Dass es mir und meinen patriotischen Collegen einigermassen gelungen war, der Periode unserer gemeinsamen Amtsführung diese Signatur aufzudrücken, dürfte sich vielleicht aus den nachfolgenden den officiellen Verwaltungsberichten entnommenen Zahlen ergeben.

Die consolidirten Stadtschulden beliefen sich Ende des Jahres 1866 auf Rubel 1,451,159 und Ende des Jahres 1869 auf Rubel 1,456,239, hatten sich also um circa 5 m. Rubel vermehrt. Dagegen war in demselben Zeitraume die schwebende Schuld der Stadt-Cassa fast ganz getilgt worden; sie hatte ultimo December 1866 Rubel 74,405 betragen und bezifferte sich ultimo December 1869 nur noch auf R. 3106. Der Baarbestand der Stadt-Cassa endlich, der am Ausgange des Jahres 1866 456 Rubel betrug, erwies am 31. December 1869 die erfreuliche Höhe von 46,447 Rubel. Daneben waren, wie sich von selbst versteht, die der Stadt gehörigen Capitalien und zu bestimmten Zwecken asservirten Summen vorschriftsmässig verwaltet worden, und wie folgt angewachsen: der Pensionsfonds von R. 95,294 50 K. auf R. 111,263 4 K.; der Gagenverbesserungsfonds von R. 55,801, auf R. 56,155; der Reserve-Kornmagazinsfonds von R. 5616 8 K. auf R. 10,270 1 K.; die asservirten kaufmännischen Landesprästanden von R. 42,266 auf R. 82,099; die asservirten Assecuranzsteuern von R. 40,000 auf R. 45,484 20 K.; in Summa Ende 1866 R. 238,977 58 K., und Ende 1869 R. 305,271 25 K.

In dem Schreiben, durch das der Rath mir die erbetene Entlassung bewilligte, wurde ich durch Ausdrücke des Wohlwollens und einer freundlichen Beurtheilung meiner schuldigen Dienstleistungen beglückt, die mich zu einer grossen und herzlichen Dankbarkeit meinen alten Amtsgenossen gegenüber verpflichten.

Indem ich aus dem Rathe schied, legte ich alle Functionen nieder, die mir als Glied dieses geschätzten Collegiums übertragen waren, und zog mich hierauf allmälig von meinen anderweitigen öffentlichen Chargen zurück. Aber auch in der

Ferne bewahre ich die treue Anhänglichkeit, das warme Interesse und die innigsten Wünsche für das Wohlergehen dieser alten wackeren Stadt Riga. Mögen ihr in allem Wechsel der Zeiten die soliden Bürgschaften einer gedeihlichen Entwickelung erhalten bleiben und möge sie sich nach wie vor des Gemeinsinnes ihrer Bürger und der Ehrenhaftigkeit ihrer Institutionen zu erfreuen und zu rühmen haben.

FSC
www.fsc.org
MIX
Papier | Fördert gute Waldnutzung
FSC® C083411

Kolibri 360 GmbH
Ferdinand-Jühlke-Straße 7
99095 Erfurt, Deutschland
produktsicherheit@kolibri360.de